地球平和憲章

日本発モデル案

——地球時代の視点から9条理念の発展を——

9条地球憲章の会◉編

［代表：堀尾輝久］

JN093928

はじめに

　私たち「9条地球憲章の会」は、安倍前政権が平和を愛する多くの市民と野党の反対の声を押し切って憲法違反の集団的自衛権を容認する安保（戦争）法制の制定を強行し、いよいよ憲法9条と戦後平和主義の全面的な破壊に向かい始めたという深い危機意識の中で発足しました。私たちは、日本国憲法の前文と9条の人類史的平和の理念を何としても守り抜きたい。そのためにも、今こそ世界中の平和を愛する市民とその理念を共有したい。そして、地球市民の英知を結集した「地球平和憲章」を創り上げたい。文字通り将来世代を含めた地球上のすべての人びとに、「平和に生きる権利」が保障された非戦・非武装・非核・非暴力の真に平和な世界を実現したい。私たちはまさにそのために、新たなグローバルな思想的市民運動を起こそうと考えたのです。

　2016年8月から世話人を中心に活動を始め、起草した「趣意書」とその英訳などを基に、140名を超える呼びかけ人と20数名の外国人の賛同も得て、2017年3月に「9条地球憲章の会」を発足させました。呼びかけ人やその後の賛同者には、法学者や教育関係者とともに美術や音楽関係者、そして多くの市民が参加しています。現在、国内の賛同者は1300名を超え、内外の外国人賛同者も80名を超え、私たちの思いは確実に拡がっています。

　私たちは会の目標と活動を、「趣意書」に基づき次のように考えています。
1、日本国憲法の前文と9条の理念に基づく「地球平和憲章」（日本発モデル案）づくり
2、世界中の各国、各地域での「地球平和憲章」（案）づくりと情報交換
3、それらを持ち寄っての「地球平和憲章」の完成
4、国連での決議・採択に向けての取り組み

　その第1段階として、国内でのシンポジウムや公開研究会、ワーキング・グループでの討議・研究を重ね、2020年4月に「地球平和憲章」（日本発モデル案）を完成し、6月に公表しました。その間にも、地球規模での気候変動危機は急速に深まり、新型コロナ・パンデミックが人類を襲いました。これらの脅威は私たちに、本会の強調する「地球時代」という視点、とり

わけ自然と人間の共生の視点と、「平和に生きる権利」の意味をさらに深め、確信させるものでもありました。それらの脅威を加速させ、引き起こした利潤追求・市場原理主義の新自由主義的グローバリゼーションに抗して、人類と地球を守るための全人類的な新たな協同や連帯の課題をも、強く自覚させてくれました。一方では、ヒバクシャと連帯する国際的な反核市民運動の広がりの中で、ついに「核兵器禁止条約」が成立、発効しました。これは、平和を願う人類にとって画期的な成果でした。「核も戦争もない世界」をめざす私たちにとっても大きな励ましです。同時に、私たちの「地球平和憲章」づくりをめざす国際的市民運動が、日本を含めて核兵器禁止条約の批准国を増やすことに役立つことを願わずにはいられません。

　このブックレットは、第1部で「地球平和憲章」（日本発モデル案）と英訳版を紹介します。「日本発モデル案」とあるように、それは人類と地球の危機に対峙する「地球平和憲章」を共に創ろうという、地球市民への呼びかけでもあります。その構成は、前文と5つの理念と原理（非戦・非武装・非核・非暴力・平和への権利）と、それを実現させるための2つ方策（平和の文化と教育、国際法の発展と新しい国際秩序の形成）から成っています。

　第2部「解説と問題提起」は、「地球平和憲章」（案）の理念・原理と方策についてワーキング・グループで論議を重ね、そのうえで担当者の責任において分担執筆したものです。まず、人類と地球の危機に気候変動危機とコロナ・パンデミック、核兵器禁止条約の成立・発効という新しい状況が重なるなかで、地球時代の視点とそれを支える人間・社会観や世界・地球観を確かめる課題が提起されます。また「平和に生きる権利」の視点から非戦・非武装とともに、反（脱）原発を含めた非核の課題をどう捉えるか。非暴力と市民的抵抗の思想と行動をどう深めるか。さらに「平和の文化と教育」の実践的課題をどう具体化すべきか。地球市民運動は国際関係と国際法の新たな展開にどう関わるか。これらの「地球平和憲章」（案）の諸課題について、解説と新たな問題提起がなされます。

　このブックレットが、平和を願う市民のみなさんに広く活用され、地球時代にふさわしい新たな課題発見の契機となることを願っています。

　　　　　　（9条地球憲章の会　代表：堀尾輝久、事務局長：目良誠二郎）

第1部

地球平和憲章（日本発モデル案）

（2020. 4. 25)

1　地球平和憲章（日本発モデル案）

Ⅰ　前文

1）人類最大の夢は、世界から戦争をなくすこと

　かつて、戦争は政治の延長であり、敵・味方の関係が生じることは不可避的であり、文明の発展を促すものだという「通念」がありました。しかし戦争の利益のほとんどは支配者層が独占し、戦争の犠牲は民衆（特に弱者）に最も多くのしかかるのが実情です。

　人類の歴史は、戦争の歴史でもありましたが、平和希求の歴史でもありま

した。戦争は、人間が始めたものであるとすれば、人間自身によってなくせないはずはない。そう考えた人間の平和への希求と、戦争廃絶の努力がこれまで積み上げられてきました。とりわけ二つの世界大戦、壮絶な地上戦と核による破壊を体験した人類は、戦争認識を変え、パリ不戦条約そして国連憲章を、日本では平和憲法を生みだしました。平和を希求する人々は、戦争は悪であり、違法であると捉え、戦争がなぜ起こるのかを問い、平和をかけがえない価値として希求してきました。夢は理念となり、理念を実現させる取り組みが始まっているのです。

2) 地球時代の視点から

　戦争は人間を殺傷し、地球環境を破壊します。とりわけ核兵器は地球上の生命の消滅をも予見させるものでした。私たちはこれらの認識の共有を通して、第二次世界大戦が終わった1945年を画期とし、「人類と地球の再発見」の時代として捉え直し、現代を「地球上に存在するすべてのものが一つの絆で結ばれているという感覚が地球規模で共有されていく時代」としての地球時代の入り口にあると自覚したのです。

　また、新型コロナウイルス禍の世界への広がりは、私たちの人類の一人としての意識を地球規模で共有させたのです。

　この事はまた、核の脅威とともに、生物化学兵器の使用はもとより研究・開発のおぞましさを突きつけてくれているのです。

　地球時代は二つのグローバリゼーション──核の脅威と地球環境破壊そして経済格差のグローバルな拡大か平和・人権・共生［人間同士・人間と自然］のグローバルな享受か──のせめぎ合いのなかにあるのです。

　この間、普遍的人権はもとより平和的生存権、環境への権利の思想が生まれ、国と国、人と人はもちろん自然と人間の共生の思想が育ってきました。環境への権利の中には脱原発の視点も含まれています。国連では平和への権利宣言、そして核兵器禁止条約も成立しました。さらに、ジェンダー平等と子どもの権利の思想が未来世代の権利、地球市民の権利と新たな連帯の視点と重なって深まってきている事も重要です。

　国連事務総長はこの新型コロナパンデミックの危機に、戦争などしている

場合ではない、世界の貧困層の救済対策が必要な時だと訴えています。

　私たちは、国連憲章の精神と日本国憲法の理念に基づき、さらにそれを地球時代の視点から発展させて、「私」と「あなた」、「わたしたち」の意識を「世界の人々」、「人類」へと繋ぎ、平和と幸せを希求する世界のすべての人々と力を合わせて、非戦・非武装・非核・非暴力の世界、平和に生きる権利の実現した世界を求めます。人類と地球を護り、この地球を全世界の人々が故郷と思える時代を創りたい。それを実現することは人類の使命なのです。

３）日本からの発信

　敗戦と廃虚のなかから生まれた日本国憲法は、前文で世界のすべての人々の平和のうちに生存する権利を明記し、９条で非戦・非武装を宣言しています。これは日本国民自身への誓い、そして海外への国際公約でした。

　アジア諸国への非道な侵略と加害への反省と、日本国民の無差別爆撃と原爆被害のなかでの厭戦と、もう戦争はしないという非戦の誓いとしてうまれた憲法は、カントの永久平和の思想につながり、第一次世界大戦後の戦争を違法とする運動、そして不戦条約、さらに国連憲章の理念につながるものです。私たちの地球平和憲章の提案は世界の先人達の願いをつなぎ、さらに地球時代の視点から発展させるものだと考えています。

　世界の紛争が絶えず、国内外の改憲への圧力のなかで、この70年間余り、この平和憲法のもとで、戦闘で一人も殺し殺されることがなかったことを誇りとし、憲法を守り抜くためには国際的な理解と支援が不可欠であることも学び知りました。平和を求める声も世界に広がり、９条への関心と認識も深まり、いまや９条は世界の宝だといわれることも多くなってきました。

　私たちの運動はこれらの視点から、日本国憲法の前文・９条を読み直し、その歴史的、現代的意義を捉え直し、人類と地球環境を護るために、世界にむけて発信する思想変革の運動であり、世界と繋がる連帯の運動によってその思想を地球平和憲章に結晶させることだと考えています。

Ⅱ-1　理念・原理

　私たちは戦争に反対し、非武装・非核・非暴力の世界を求めます。地球上のすべての人々に平和に生きる権利を実現し、人類と地球環境を護ること、それは人類の使命なのです。

1）非戦

　人類の歴史は戦争の歴史でもありました。戦争の主要な原因は人間の本性にではなく、領土や市場と資源の争奪などの巨大な経済的利害をめぐる争いにあり、その背後には「軍事産業」「軍産複合体」「死の商人」などがあります。

　権力欲と支配欲が軍事力の競争を生み、緊張を生み出し、攻撃と復讐の連鎖を生みだしてきました。しかし、二つの世界大戦を通して、人類は戦争のおぞましさを学び、戦争認識を変え、戦争は悪であり、違法であると認識するようになりました。「戦争をしない」〔不戦〕ではなく「戦争をしてはいけない」〔非戦〕なのです。紛争の解決は国連の仲裁と平和を願う民衆（市民）に支えられた、話し合い（対話）の外交交渉以外にはありません。

・戦争は人を狂わせます。人間性を奪うものです。
・戦争は人殺しです。殺し合いです。
・戦争は国民に目隠しをし、自由を奪います。
・戦争は常に“正義”の名のもとに、“平和”のために、“自衛”のためを口実におこなわれます。
・戦争で平和をつくることも守ることもできません。
・内戦も戦争です。対テロ戦争も戦争です。
・戦争は最大の環境破壊です。
・あらゆる武力の行使も武力による威嚇も許されません。たとえ人道目的であっても、武力介入で問題を解決することはできません。
・今や、戦争は違法であり、犯罪であり、条理に反し、人道に背く、絶対悪

であると言わねばなりません。

２）非武装・非軍事化

　国家が軍隊を持つことや武装することは絶対に必要なことなのでしょうか。他国を侵略することは禁止されていますし、防衛のためであっても、他国にとっては武力による脅威となります。また、軍備の増強は軍事的緊張を高めます。このような弊害をなくすためには軍備を撤廃することが最も効果的です。このような完全軍縮を目標にしない限り、軍事力による戦争の危険はなくなりません。完全軍縮は日本の憲法９条だけが言っているのではなく、国連やユネスコなど国際社会においても国際的な目標とされていることなのです。

・軍隊は解散しなければなりません。軍隊を廃止することは、戦争を防止するための最良の手段です。軍隊の存在が他国に脅威を与えることを忘れてはなりません。
・軍拡や軍事同盟による抑止力は、かえって戦争の危機やさらなる軍拡競争を招きます。
・集団的自衛権は認めません。軍事衝突が拡大することにつながります。
・外国軍の基地も駐留も認めません。また、海外に軍事基地をつくることも認めません。軍事同盟は結ばず、平和友好関係を築き、敵を作らないことです。
・あらゆる武器の製造、保有、輸出入を禁止します。
・軍事費の増大、産・軍・学の協同、軍事優先のメディアなどあらゆる軍事化に反対します。
・完全軍縮を目指して、各国の軍隊は、軍事組織から警察組織へ、そして災害救助や人道的な援助の組織に変えるべきです。現在軍隊のある国は、国外での武力の行使はもとより威嚇もしてはなりません。

３）非核

　核（nuclear）は人類や地球と共存できません。核の軍事利用である核兵

器だけではなく、その民生利用である原子力発電も、人類そしてすべての生命体の生存と両立しない重大な問題を孕みます。核は非戦、非武装、平和に生きる権利とは両立しません。

・核兵器は、生物化学兵器と同じく、人類史上最悪の残虐で非人道的な大量破壊、大量殺傷兵器です。
・核兵器保有国の核抑止力政策は抑止力競争を生み、危機を高め、他方で非核保有国への恐怖による支配となります。
・核兵器禁止条約は人類の願いです。
・核実験や原発による放射能汚染は半永久的なものです。
・原発の廃棄物は核兵器の原料です。核廃棄物は未だに安全な捨て場がないのです。
・核廃棄物は地球を汚染し、人体を蝕みます。

4）非暴力

　暴力は、平和に生きるべき人間の生存と生活に相反します。暴力は、人間の身体と感性、さらに理性と尊厳を傷つけ、破壊し、平和で自由な社会の実現を妨げます。人類が平和に生きるためには、それを妨げるあらゆる暴力に抵抗し、克服していかなくてはなりません。

　しかし、暴力を暴力によって克服することはできません。それは暴力の連鎖を生むだけです。暴力を真に克服するためには、市民による非暴力の抵抗などの不断の努力が必要です。

・戦争は人間と地球環境への最大の暴力です。
・核戦争は人間と地球環境への究極の暴力です。
・核兵器による威嚇で戦争をなくすこともできません。それは核軍拡競争と核戦争の危機を生み出すだけです。
・貧困、格差と差別として現れる社会の抑圧的構造も、平和に生きるべき子どもたちの成長・発達と市民の生活を妨げる大きな暴力です。
・そうした構造的暴力は、国際的なテロの温床にもなります。

・米国に代表される銃社会は、無差別大量殺人を含む多くの子どもや市民への深刻な暴力を生んでいます。世界中で銃規制を徹底させましょう。
・戦争を美化し、扇動する「暴力の文化」に対して、「平和の教育」と「平和の文化」で子どもたちを育て、市民の連帯を励まさなければなりません。
・家庭、学校、職場、公共空間など、日常・非日常を問わず子どもたちと市民の生活のあらゆる場面から暴力を一掃しなければなりません。
・いっさいの戦争と共に、死刑を含む国家の暴力、構造的暴力、市民生活における暴力を一掃する積極的平和の実現をめざしましょう。
・地球上に永続的な真の世界平和を実現するため、非暴力と積極的平和の思想と行動をさらに豊かにしましょう。

5）平和に生きる権利

　非戦・非武装・非核・非暴力の思想は、国と国の平和的な関係だけでなく、すべての人々の平和に生きる権利に収斂されるものです。

・平和とは、単に戦争がない状態だけを言うのでなく、恐怖と欠乏に苦しまない状態、安全な地球環境や健康を享受できる状態をいいます。
・平和に生きるとは、生きていることを歓びと感じ、苦しみのなかにあっても、支え合い共に生きていることをいいます。
・平和に生きる権利は、生命と生存、個人の尊厳と幸福追求の権利を核とする個人の基本的人権です。
・平和に生きる権利は、あらゆる人権の基底をなす権利です。
・平和は、単なる理念や政策の一つにとどまるものでもなく、権利としても保障されるべきものです。平和に生きる権利は、国や国際機関によっても侵されてはならない人権としての性質を持つものです。
・平和に生きる権利を侵害する法律・政策・予算並びに国際合意はすべて無効とされるべきものです。
・私たちは、平和に生きる権利を実現する政策を国や国際機構に要求することができます。
・平和に生きる権利は、世界が戦争の恐怖や暴力と貧困から解放され、地球

環境の変化に世界の国と市民が協力することなしには実現しません。
・世界が平和でなければ、一国の平和もなく、国が平和でなければ、一人の平和もない。そして私たちが平和に生きることができなければ、国や世界は平和ではないのです。そして、それにふさわしい人間観・社会観・人類観が求められているのです。

Ⅱ-2　人類の夢を実現するために

1）平和の文化と教育

　非戦・非武装・非核・非暴力の国家と国際社会を築き、平和に生きる権利を実現し、未来世代の権利に応え、持続可能な地球環境を護るためには、平和のための教育と平和の文化の創造が不可欠です。一人ひとりの人間がこれらを実現する担い手であり、その知的協働と精神的連帯の上にこそ、平和は築かれるのです。

・平和に生きる権利は平和の教育を通して根付き、平和の文化の中でこそ豊かになるのです。
・「平和の文化」とは、「戦争と暴力の文化」の対極にある人間性ゆたかな文化です。
・「平和の文化」は、地球市民が、グローバルな問題を理解し合い、非暴力で紛争を解決する技能を持ち、人権と公正のもとに生き、文化的多様性を理解し合い、地球とそこに生きる全てのいのちに関心を払うときに創りだされるのです。
・「平和の文化」につながる価値観、態度、行動様式は、家族と地域での生活を通して育まれるとともに、学校での平和教育によって獲得されるものです。
・平和教育は、平和な国家、平和な国際社会の担い手を育てます。そのためにも世界の子どもたちと教師は、たがいの対話と交流が保障されなければなりません。
・地球時代の平和教育とは、戦争と平和の歴史を学ぶことによって、人類と

地球を再発見し、地球時代における戦争違法化の意義を学び、人権と社会正義、自然と人間の関係への認識を深め、平和への確信を育てることです。
・平和学習の機会はあらゆる場所で保障されなければなりません。
・平和教育の核心は日常的に平和を愛し、暴力を憎み、平和に生きる権利を自覚し、平和の文化を担い、創りだす主体を育てることです。

２）国際法の発展と新しい国際秩序の形成

　非戦・非武装・非核・非暴力の世界を実現するためには、そのための国際環境をつくっていくことが必要です。戦争や平和の問題は、基本的には国家間関係の問題です。国際法は国家間の合意によって作られますが、国家の意思はその国に生きる市民によって作られます。平和を求める市民の声を、国境を越えて強めていくことが、非戦・非武装・非核・非暴力の国際秩序の形成につながります。

・現代世界では国連憲章の下で、狭義の戦争にとどまらず、武力による威嚇や武力の行使が原則として禁止され、国際紛争を対話と法によって平和的に解決することが義務付けられています。
・国連の設立目的に立ち返り、国連の名を借りた軍事介入を廃し、国際司法裁判所をはじめとする紛争解決機関の役割を高めていくことが必要です。
・国連を中心とする世界レベルの動きと並んで、地域レベルでの非核化も進めなければなりません。北東アジアにも非核地帯を設定し、「平和の共同体」を築くことをめざします。
・戦間期に締結された不戦条約は、戦争の違法化を求める市民運動の成果でした。現在に至るまで、マイノリティや女性に対する差別の撤廃、子どもや障害者の権利の実現、完全軍縮や恒久平和を求める市民運動が、国際法規範として実を結んできました。
・各国の政府に対して、平和に生きることを望む市民の声に耳を傾け、民主的過程を通してその実現を図ることを求めます。
・私たちの地球平和憲章（案）も、非戦・非武装・非核・非暴力の新しい国際秩序の形成を目指す国際市民運動です。

The right to live in peace of all people in the world

Global Charter for Peace
(A model from Japan)
— Developing of the idea of Article 9 of the Japanese Constitution
from the perspective of the Age of Globe —

©JAXA/NHK

On the Earth, a speck of stardust in the vastness of the universe, how long will human beings go on fighting and killing each other?

I Preamble
1)The Greatest Dream of Humankind is to Abolish War from the World
2)From the Perspective of the Age of Globe
3)A Model of the Charter from Japan to the World

II -1 Ideals and Principles
1) Renunciation of War
2) Disarmament and Demilitarization
3) Nuclear-free World
4) Non-violence
5) Right to Live in Peace

II -2 To Fulfil the Dream of Humankind
1) Culture and Education for Peace
2) Development of International Law and Construction of a New International Order

Article 9 Society for Global Peace Charter
14 June 2020
Contact: 9.globalpeace@gmail.com
For more info. please visit: https://www.9peacecharter.org

2 Global Charter for Peace (A model from Japan)

I. Preamble

1) The Greatest Dream of Humankind is toAbolish War from the World

Once there was a commonly accepted belief that war was a continuation of politics, it was inevitable that we were divided into friends and foes, and even war could promote the development of civilisation. The reality of war has, however, exposed that the ruling class get most of the benefits, while, on the other hand, other people, especially the vulnerable, are sacrificed.

Human history is a war history, but it is also a history of longing for peace. If human beings began war, then surely, we could end the war. People who believe it have craved for peace and their efforts at abolishing war have continued ceaselessly. Human beings have experienced the two World Wars, where fierce ground battles carried on, and the atomic bombs devastated everything. It changed our perception of war, brought into the Kellogg-Briand Pact to renounce war; ideal of peace generated the UN Charter, and here in Japan, created the peace Constitution. Peace-loving people have thought that war is evil and outlawed. They have asked themselves why war happened and longed for peace as irreplaceable value. Their dream has become an ideal, and actions to attain the ideal have begun.

2) From the Perspective of the Age of Globe

War kills people, war destroys the environment. Nuclear weapons in particular have predicted the disappearance of life on earth. We identify them as reality which brings us to be aware that we are standing at the doorway to the Age of Globe. It is the era when we perceive as a transition from the end of World War II in 1945 to the epoch of 're-discovering the earth and humankind'. The Age of Globe is recognised as 'an age in which all creatures on earth are tied by a single bond with others and with nature as a whole, and such sensation is fully recognised and shared on a global scale'.

Furthermore the COVID-19 pandemic caused by newly appeared virus made us share a sense of a membership of human beings all over the world.

In addition, it presents to us the odiousness of developing, testing and using biological and chemical as well as nuclear weapons.

Two tides of globalisation confront with each other in the Age of Globe: that of a threat of nukes, destruction of environment and world-wide increasing economic disparity, or universal enjoyment of peace and human rights and living together between human beings as well as with the nature.

During this period, the right to environment and the right to live in peace as well as the universal human rights have been developed. The notion of co-living between human beings and the nature, people and people, countries and countries has been cultivated. The right to environment also includes shutting off the nuclear power generation. Furthermore, it is also remarkable that the idea of the rights of the child has been gradually formed overlapping with the rights of the future generations and the rights of global citizens.

The UN Secretary General stated that now, under the threat of new pandemic, is not the time for war but alleviation for poverty all over the world.

We will, based on the spirit of the UN Charter and the principle in the Japanese Constitution, develop the idea of peace from the perspective of the Age of Globe. We, together with the people seeking for peace in the world, will aspire to achieve a world where no war, no arms, no nukes and non-violence are actualised and the right to live in peace is fulfilled. It is not a dream but a mission of human beings to protect the earth and create an era when all peoples in the world can feel the earth as their own home.

3) A Model of the Charter from Japan to the World

The Japanese Constitution arose from the devastation and the defeat of the county in World War II. Its preamble declares the right of all peoples in the world to live in peace, and its Article 9 prescribes that Japan forever renounces war and never maintains any armed forces. This is a pledge that the Japanese people made for themselves. It is also an international promise.

The Constitution was created from the regret of aggressive invasion and atrocities done to the neighbouring Asian nations and the painful victimised experience of indiscriminate atomic bombings. The Japanese people were weary and beaten from war, and swore never to repeat war. It is in line with ideal perpetual peace articulated by Immanuel Kant, the outlawry of war movement after the World War I, the Paris Peace Pact referring to renunciation of war, and the principle of the UN Charter. We believe that our proposal for the Global Charter for Peace succeeds to such hopes of our forerunners and develops them further from the perspective of the Age of Globe.

Although conflicts have continued incessantly in the world and the pressure to change the Constitution has increased both within and outside Japan for the last seventy years, there have been no deaths by war; no one has killed anyone or no one has been killed at the battlefield under the Peace Constitution. We are proud of it. We also have learnt that international understanding and support are essential to protect our Constitution. The voices to call for peace in the world are spreading and there is growing interest in Article 9 of the people around the world. Now the Article 9 is often said to be a world treasure.

From these perspectives, we will read profoundly the Preamble and Article 9 of the Japanese Constitution to rediscover their historical meaning and contemporary significance. We will send our findings as our philosophical message to the world in order to protect humankind and the global environment from all kinds of violence. Our campaign is a movement of solidarity to make bonds with others in the world, and by these efforts, we will crystallise our thoughts into a global charter for peace.

II-1 Ideals and Principles

We oppose war. We long for demilitarisation, nuclear-free and non-violence in the world. To protect humankind and the global environment is our mission of human beings.

1) Renunciation of War

History of human beings is that of war. The main cause of war is found not in human nature but in the battle for huge economic interests such as territory, market and resources. Behind them there are 'military industries', 'military-industrial complexes' and 'merchants of death'.

The urge for power and ruling has caused military competition, tensions and a chain of attack and revenge. However, through the two World Wars, we human beings have learnt the horror of war. We have changed our perception of war and come to recognise that war is evil and outlawed. 'We will not war' is not enough but 'we must not war'. Conflict resolution should be nothing but by diplomatic negotiations and dialogues with arbitration of the United Nations and the people who wish for peace.

We must cry out loud and say:

·War makes people inhumane and deprives humanity.

·War is murder and stirs up people to kill each other.

·War blindfolds people and takes their freedom away.

·War always makes excuses for 'peace' and 'self-defence' in the name of 'justice'.

·War cannot create and protect peace.

·Civil war is a war; war against terrorism is also a war.

·War is the worst environmental destruction.

·The use of any armed force or the threat of force is not allowed. Even for humanitarian purposes, armed interventions do not solve the problem.

·Today, war is outlawed. It is a crime against reason and humanity, and an absolute evil.

2) Disarmament and Demilitarisation

Is it always absolutely essential for states to retain armed forces and armament? Aggression to other countries is prohibited. Even if it is for state defence, it could be an armed threat to others. Enhancement of military could raise military tension. In order to avoid such harmful influence, abolition of military is most efficient. Unless we set complete disarmament as our objective, the danger of war will continue forever. Complete disarmament is recognised as a goal of the international society like the United Nations and UNESCO as well as the Article 9 of Japanese constitution.

·Army shall be dissolved by all the countries. Abolition of army is the best way to prevent wars. We should not forget that the existence of army generates threat to others.

·Deterrence of expansion of armaments and military alliance can trigger wars and further military expansion race.

·We prohibit the right to collective defence, which leads to the expansion of armed conflicts.

·We either do not recognise military base or stationing of foreign troops. We do not accept building military base over the sea. It is crucial to build friendly relationship without military alliance, instead of hostile relationship.

·We prohibit all kinds of production, retaining and trade of armed weapons.

·We oppose all of the military related action such as increase of military budget, cooperation with industry academic-military complex and pro-military media.

·For complete disarmament, every military army should be substituted by a police force, as remedy for disaster and humanitarian aid. Existing military countries should not threaten or use armed forces abroad.

3) Nuclear-free World

The nuclear cannot exist with human beings on this globe. Uranium is not only material for nuclear weapons but also for nuclear power generation. Nuclear weapons are incompatible with renunciation of war, disarmament or right to live in peace.

·Nuclear weapons are the most atrocious and inhumane source of mass destruction and genocide in human history

·Nuclear deterrence policy of nuclear-holding countries generates deterrence race and enhances crisis, which leads to control by threat to non-nuclear countries.

·The Treaty on the Prohibition of Nuclear Weapons reflects the hope of human beings.

·Contamination of radiation caused by nuclear test and nuclear power generation continues forever.

·Waste of nuclear power generation can be used as a material of nuclear weapons. There are no disposal sites for nuclear wastes.

·Nuclear wastes contaminate this globe and undermines human body.

4) Non-violence

Violence destructs harmony and existence of human beings, who have the right to live in peace. Violence hurts and destroys the human body and emotional sensitivity as well as reason and dignity. Moreover, violence prevents the realisation of a peaceful and free society. In order for the human beings to live in peace, we must oppose and overcome all forms of violence that hinder peace.

However, violence cannot be overcome by force. Violence causes further violence. To overcoming violence truly requires constant efforts such as non-violent civilian protest against violence.

·War is the most extreme violence against human beings and the global environment.

·Nuclear war is the ultimate violence against human beings and the global environment.

·Threatening with nuclear weapons cannot abolish war. It only causes a nuclear arms race and a crisis of nuclear war.

·The repressive social structure characterised by poverty, disparity and discrimination is also the outright violence which stunts the growth and development of children who ought to live in peace, and disturbs the lives of citizens.

·Such structural violence can be a hotbed of international terrorism.

·The gun-uncontrolled society exemplified by the United States has triggered serious violence against many children and citizens including indiscriminate mass murders. We enforce gun control further all over the world.

·Opposed to 'violent culture' romanticising war and agitating for war, we must raise children and encourage the solidarity of citizens with 'peace education' and 'culture of peace'.

·We must sweep away violence from every aspect of the lives of children and citizens, whether at home or school, workplaces or public spaces, an ordinary or extraordinary situation.

·Along with all kinds of wars, we must get rid of any violence such as violence by the state including death penalty, structural violence, violence in citizens' life. We aim to realise such a constructive pacifism.

·In order to establish a lasting true world peace on our planet, the Earth, we enrich our understanding of non-violence and constructive pacifism and act locally and globally.

5) Right to Live in Peace

The philosophy of Renunciation of War, Disarmament, Nuclear-free, Non-violence should be applied to peaceful relationship between states, and converge to the right to live in peace for everybody.

·Peace is defined not only as no war but also as free from fear and want.

·To live in peace means to feel joy of living, to live cooperatively and collectively even in time of distress.

·Right to live in peace is a core of fundamental human rights which value the rights to life, existence, dignity and integrity of individuals, and pursuit for happiness.

·Right to live in peace is a fundamental right which is the basis of all other human rights.

·We can demand governments to take appropriate measures to realise a world in which we can live peacefully without hindrance.

II-2 To fulfil the Dream of Humankind

1) Culture and Education for Peace

Culture of peace and peace education are indispensable in building a nation and international community with no war, no arms, no nukes and non-violence, where we can realise the right to live in peace, protect the rights of the future generations and sustain our global environment. Each person has a role of realising them. Peace is only built upon cooperation and solidarity.

·The right to live in peace takes root through peace education to be embodied in a culture of peace.

·'Culture of peace' is a rich culture with full of humanity. The opposite may be a 'culture of war and violence'.

·'Culture of peace' will be achieved when the citizens in the world understand global affairs, have skills to resolve conflicts non-violently, respect human rights and justice, appreciate cultural diversity, and recognise the integrity of the Earth and all the living beings.

·Values, attitudes and behaviours which lead to 'culture of peace' are nurtured through peaceful family life and community and learnt through peace education at school.

·Peace education fosters global citizens leading a nation and a peaceful international community. To that end, children and teachers should promote dialogue, interaction and collaboration.

·Peace education in the Age of Globe is to rediscover the humankind and the Earth, learning the significance of outlawing ware, deepening the understanding of human rights and social justice, the relationship between nature and human beings, and nurturing our confidence to achieve peace.

·Opportunities of peace education should be guaranteed everywhere.

·The core of peace education is to nurture active citizens being are aware of the right to live in peace, who love peace, hate violence in daily life and create culture of peace.

2) Development of international law and construction of a new international order

In order to realise a world rooted in the principle of no war, no arms, no nukes and non-violence, we need to establish a relevant international standards. The issues of war and peace are basically those among States. While international law is created on the basis of agreement between States, an opinion of a State is created by citizens therein. In this sense, strengthening the opinion of people seeking for peace over the State borders will lead to creating a world order based on the principles of no war, no arms, no nukes and non-violence.

·Not only war in a narrow meaning but also the threat or use of armed force is in principle prohibited under the Charter of the United Nations today, which obliges every State to settle international disputes by such a peaceful means as dialogue and law.

·We must reflect the original aim and principal of the United Nations and expand the role of organisations for dispute settlement such as International Court of Justice.

·Along with denuclearisation in the world level and the promotion of the UN, we must promote it in a regional level. We must establish a nuclear-free zone in North-eastern Asia as a community of peace.

·Civil movements seeking for outlawry of war resulted in the Paris Peace Pact for renunciation of war in the inter-war period. The movements calling for elimination of discrimination against women and minorities, realisation of rights of children and persons with disabilities, complete disarmament and peace have been promoted to develop the international norms until now.

·We demand governments of every State to listen to voices of citizens wishing to live in peace and implement them in a democratic way.

·Our global charter for peace is a part of products of international civil movements to claim for a new international order rooted in the principles of no war, no arms, no nukes and non-violence.

II-3 Understanding of Humanity towards the Global Charter for Peace

The philosophical underpinning for our Global Charter comes from its historical recognition and human understanding. No-war, unarmed, nuclear-free, and non-violent philosophy has originated from the understanding of humanity and values appropriate to the current Age of Globe (l'ère planétaire). Such understanding of humanity and values appropriate to the Age of Globe has created the idea of renouncing war, demilitarisation, non-nuclear weapon and energy, and non-violence. The right to peace, the human rights of all people, the environmental rights, the children's rights to learn and grow, the right of the future generation, and the idea of coexistence — all of these are required. And placing confidence on justice and good faith, diversity and tolerance, freedom of thought and belief, freedom from prejudice, denial of all forms of violence, human sensibility and opening of human reasoning, and more, not to force one's views or ideas on others based on universal validity, but to have an open-minded attitude towards universality through individual differences —all these qualities are also required. All of these are the conscience (Gewißheit) of the human race, which have been accumulated throughout history.

The consciousness of the above value in the Global Era and respect for diversity, especially the dignity of individuals and respect for others, are learnt and acquired in life and education through positive criticism of the circumstances in which they are denied, and through history.

These values follow a different path from neo-liberalism and financial capitalistic globalism and the values appropriate to the Global Era will spread and share on a global scale. It is not pressing of one value, but an inter-nationalism that has the process of embracing and connecting the diversity of each country and region based on the dignity of individuals. It can be called a new global humanism of coexistence and solidarity. It is a sustainable society that guarantees the well-being of all people, free from poverty, discrimination, and structural violence, as well as freedom from the growth myth and the nuclear safety myth, which we can call a new and humanistic society with freedom.

第2部

地球平和憲章（日本発モデル案）の
解説と問題提起

第1章　憲法前文・9条の理念で地球平和憲章を

1　人類と地球の危機のなかで、地球時代の視点から

⑴ 平和への願い

人類の最大の夢。

それは世界から戦争をなくすことです。

人類の歴史を振り返ると数多くの戦争が戦われ、多くの人びとのいのちを奪ってきました。戦争は文化の父といわれたこともありますが、戦争の直接的利益は支配者層に、戦争の直接的な犠牲は民衆（特に弱者）に集中するのが実情です。人類の歴史は、戦争の歴史でもありましたが、平和希求の歴史でもありました。

戦争は、人間が始めたものであるとすれば、人間自身によってなくせないはずはない。そう考えた人間の平和への希求と、戦争廃絶の努力がこれまで積み上げられてきました。

2つの世界大戦の後、世界は国連憲章と世界人権宣言の下で、平和へ向けて大きく前進したかに見えましたが、対立と冷戦、「恐怖の均衡」状態が続きました。緊張の連鎖は軍備拡張競争を生み、経済の軍事化は官軍産学の一体化をすすめ、貧困と格差を広げ、同盟国への軍事基地の拡大は平和を脅かす原因にもなってきました。

ソ連の崩壊後、21世紀はついに平和の世紀になるかと思われましたが、それもつかの間の夢でした。

2001年の9.11テロを機とし、「対テロ戦争」を掲げた米国等によるアフガニスタン侵攻、さらに2003年のイラク戦争は泥沼化し、「報復の連鎖」を招き、ISなどのイスラム過激派の無差別テロはかえって増大しました。

東アジアでは、朝鮮戦争、ベトナム戦争の後も、米国の核の脅しに対抗して、北朝鮮の核武装化が加速し、偶発的な核戦争の勃発の危険さえ生まれました。しかし戦争だけは避けたいと、2018年には南北首脳会談に続いて米

朝首脳会談が開かれましたが中断し、米中の緊張も高まっています。

　このような危機的状況だからこそ、世界中の人びとの中に改めて戦争に反対し、恒久的な平和を望む切実な声が生まれ、広がっています。いまこそ、世界の平和のための新しい理念と運動が求められているのです。

　第二次世界大戦直後、アジア太平洋戦争への深い反省に基づき、画期的な非戦・非武装の９条を持つ憲法を制定した日本の政府とそれを歓迎した米国の政府は、米ソ冷戦の開始と激化にともなって、一転してそれを問題視するようになりました。その後の日米軍事同盟の締結とその強化により、９条は絶え間ない侵食と破壊の危険にさらされ続けてきました。しかし、曲がりなりにも９条の決定的な改憲を許さなかったのは、平和を愛する日本の私たちの長年にわたる憲法を根付かせる努力と改憲への抵抗があったからです。

　その抵抗の歴史を受け継ぎ、私たちはこれからもなんとしても９条を守り抜き、さらに世界中の平和を愛する人びとと手を取り合い、知恵と努力を合わせて、世界から戦争をなくすという人類の夢の実現をめざしたいのです。それを世界に広げなければ９条を守ることもできないのです。

　そのために、私たちは広く内外の平和を愛する人びとに呼びかけます。

　いまこそ、非戦・非武装・非核・非暴力の世界をめざし、「平和への権利」の国連総会採択（2016）、そして歴史的・画期的な「核兵器禁止条約」を成立（2017）・発効（2021.1）させた日本の被爆者（hibakusha は国際語にもなった）や世界市民の運動、ICAN のノーベル平和賞の受賞に励まされ、さらにその国際的な批准運動とも連帯し、９条の理念で地球平和憲章をつくるというグローバルで壮大な運動を共に始めたいのです。

　いまこそ、平和を希求する先人たちの努力を引き継ぎながら、次の世代につなぐ、市民の国際的な思想運動、人類と地球を護る運動が求められています。

　私たちは、日本国憲法の前文・９条の理念を運動の軸に据えて、地球平和憲章を創りたいと考えました。

⑵ 日本からの呼びかけ　日本国憲法前文・９条の理念とは

　1945 年 8 月 15 日敗戦。戦争への反省と平和への希求のなかで、平和的・

文化的な国家の建設を目指して平和憲法が制定されました。占領下ではありましたが、非戦・非武装（9条の理念）に関しては時の首相幣原喜重郎の発意があったことが知られています。それを励ましたのはマッカーサーの決断であり、それを支えたのは日米両国民の厭戦と平和への希求だったといえます。それは日本のアジア侵略や植民地支配という加害への反省、アジア2000万人とも言われる膨大な戦争犠牲者への謝罪と不戦の決意であり、また300万人とも言われる日本人の戦死者、そして広島・長崎の原爆被害、全国的な空爆による被害を含む飢餓と心の荒廃は、二度とこうした戦争を起こしてはいけないという思いを支えているのです。

　憲法前文には「われらとわれらの子孫のために」「政府の行為によつて再び戦争の惨禍が起こることのないやうにすることを決意し」とあり、さらに「われらは平和を維持し、専制と隷従、圧迫と偏狭を地上から永遠に除去しやうと努めてゐる国際社会において、名誉ある地位を占めたいと思ふ。われらは、全世界の国民が、ひとしく恐怖と欠乏から免れ、平和のうちに生存する権利を有することを確認する」と規定しています。

　この主語は、「われら」すなわち〈国民（people）〉であって、日本〈国家〉の安全と生存ではありません。

　そのうえで国民一人一人が「平和を愛する諸国民の公正と信義に信頼」することが自らの安全と生存を確保することの最善の方策であるという認識に立つものです。そして、これは、「信頼」して何もしないのではなく、世界中の市民と「信頼」のネットワークを構築して戦争を未然に防ぐ、戦争予防のネットワークを国境を越えて強固につくる必要性を規定したものです。

　そして、「全世界の国民が、ひとしく恐怖と欠乏から免れ、平和のうちに生存する権利を有する」として、全世界の国民の「平和的生存権」（「平和のうちに生存する権利」）の保障を規定しています。「日本国民」だけではなく「全世界の国民」の平和的生存権を規定したものであることに注目したいと思います。私たちの憲章案ではそのことを「平和に生きる権利」と表現しています。

　そこでの「平和」とは「戦争がない」だけではなく、専制政治の「恐怖」と飢餓・貧困などの「欠乏」から免れた〈真の平和〉を目指すものです。

「専制と隷従、圧迫と偏狭」あるいは「恐怖と欠乏」といった戦争の根本原因を取り除くことが真の平和の実現のためには求められるのです。戦争の根本原因でもある、飢餓・貧困・差別・政治的経済的抑圧などの「構造的暴力」の解消に向けての、積極的な国際協力推進の必要性を規定したものなのです。

　戦争の根本原因を除去し、戦争を起こさない国づくり・国際社会づくりを行い、真の平和を実現しようというのが憲法前文の精神なのです。そして平和こそが人権と民主主義の前提であり、逆にまた人権と民主主義なくしては真の平和もありえないのです。

　さらに前文は「日本国民は、国家の名誉にかけ、全力をあげてこの崇高な理想と目的を達成することを誓ふ。」と結ばれ、その精神を世界に広げる決意をのべているのです。

　そして憲法第二章を「戦争放棄」とし、第9条第1項に「日本国民は正義と秩序を基調とする国際平和を誠実に希求し、国権の発動たる戦争と、武力による威嚇又は武力の行使は、国際紛争を解決する手段としては、永久にこれを放棄する」、第2項で「前項の目的を達成するために、陸海空軍その他の戦力は、これを保持しない。国の交戦権は、これを認めない。」と規定しています。これは、戦争放棄、戦力不保持、交戦権否認を規定したものです。

　ここに示された理念はカントの永久平和論につながり、戦争違法化運動と不戦条約、そして国連憲章に重なり、さらにそれを超えるものでした。あらゆる戦争を放棄し、あらゆる戦力も持たない、国の交戦権も認めないという第9条は、20世紀の軍縮平和主義、そして、戦争違法化（国際連盟規約、不戦条約、国際連合憲章）といった世界の〈普遍的〉な潮流を継承した上で、さらに非戦・非武装平和主義として「徹底化」し、その実現のために積極的に行動する「徹底的・積極的平和主義」に立脚するものと言えます。

　振り返ると、紛争解決のためと称して行われる他国への軍事介入は、その紛争の根本原因たる「構造的暴力」をなくしたり減らしたりすることに役立つよりは、むしろ、そうした紛争の根本原因を拡大再生産することになる場合が多く、そのことが新たな武力紛争の原因となる場合が多いのです。そして、軍事力の行使はつねに濫用の危険性を伴い、平和や安定よりも膨大な殺

傷・破壊・荒廃を生み、「憎しみの連鎖」「テロの連鎖」をもたらしてきたことがあまりにも多いことに留意すべきです。

　私たちは「仮想敵」を想定して、「戦争が起きたらどうするか」ではなく、「戦争や軍隊を必要としない国際社会をいかに構築するか、その国内的・国際的条件をいかに整備するか」ということこそが最大の課題だと考えています。

(3) この間の憲法状況

　しかし、憲法75年の歩みを見るとき、憲法の平和・人権・民主主義の理念がそのまま実現してきたわけではありませんでした。米国は朝鮮戦争（1950 – 53休戦）を機に日本の再軍備へと戦略転換し、サンフランシスコ講和条約（1951）とともに日米安保条約を結び、池田・ロバートソン会談（1953）を経て、再軍備のための改憲論を背景に自主憲法制定を党是とする自由民主党が誕生し（1955）、それと前後して自衛隊も発足（1954）しました。これに対して、軍隊は認めないという国民の批判の前に自民党政権は専守防衛の自衛隊は憲法の禁止する戦力でも軍隊でもないとして「解釈改憲」の道を選び、事実上の軍隊を「戦力にあらざる自衛隊」として増強してきました。さらに安倍内閣は、「戦後レジームからの脱却」（2006）を掲げて、明文改憲路線に踏み込み、国家安全保障会議（NSC）の設置、特定秘密保護法や共謀罪法の制定、武器輸出禁止三原則の撤廃、集団的自衛権の容認の閣議決定、安保法制（2015）の制定などを強行しました。さらに条文改正を企て、米軍と一体化した敵基地攻撃を含む活動に乗り出そうとしています。集団的自衛権を認める安保法制には違憲訴訟も起こされています。

　しかし、この間にも、平和教育、原水禁運動、安保反対、ベトナム反戦、沖縄基地反対、高校生の平和ゼミ、九条の会、女の平和、ママの会、学者の会、市民連合の運動など、平和憲法を根付かせる運動も積み重ねられてきました。さらに、9条を世界に広める先人たちの努力が続けられ、憲法50年・憲法学界の取り組み、1994年の日本反核法律家協会の設立、1995年の国際憲法学会日本大会、1999年のハーグ国際平和市民会議、2007年の世界社会フォーラムでの取り組み、2008年の9条世界会議、2016年平

和への権利の国連承認、2017年核兵器禁止条約の成立、2021年発効など、これらを通して9条を守り根付かせる運動も広がりました。

　また、9条は国際的にも評価されてきました。そのなかには歴史家のA.トインビー、シカゴ大学元総長のR.ハッチンズ、経済学者のJ.K.ガルブレイス、思想家のN.チョムスキー、生化学者でノーベル賞のセント・ジェルジ、コスタリカのノーベル平和賞受賞者アリアス大統領、マレーシアのマハティール首相、等がいます。また映画「日本国憲法」を作ったJ.ユンカーマン監督、アメリカに九条の会を作ったC.オーバービー、ベトナム戦争に海兵隊として従軍した後に戦争後遺症に苦しみ、平和運動を続けたA.ネルソン、そしてVFP（Veterans For Peace）の方々などにより9条は世界の宝として評価されてきました。「9条にノーベル平和賞を」という国際的運動も平和憲法への関心を世界に広げてくれています。

⑷ 国際的な平和への努力

　この間、繰り返される核実験と戦争の脅威に対しては、国際的にも批判の声があげられてきました。ビキニの水爆実験（1954）を機に「ラッセル・アインシュタイン宣言」（1955）が出され、それを受けての科学者たちのパグウォッシュ会議（1955）が重ねられ、非暴力のための「セビリア宣言」（1986）が出され、国連、UNESCOの軍縮会議では完全軍縮（complete disarmament）が目指されました。また2000年を国際平和文化年とし、平和の文化の創造と平和教育への取り組みを各国に求めました。核実験に反対する国際的な市民運動の広がりは、部分的核実験禁止条約（1963）、核拡散防止条約（1968）、包括的核実験禁止条約（1996）、さらに核兵器禁止条約を成立（2017、2021発効）させました。2017年のICAN（核兵器廃絶国際キャンペーン）の活動へのノーベル平和賞の授与は、日本の被爆者の長年にわたる活動と世界の市民の反核活動に与えられたものでもありました。この動きはさらに、平和に生きることそれ自体を人権と考え、それを法的に保障することを求める声とつながり、「平和への権利宣言」（2016）の条約化と国際法・国内法双方での平和への権利（平和的生存権）の確立へと向かっています。

⑸ 9条地球憲章の会の発足

　私たちは今日の深まる危機のなかで、これら国内・国際的動きに励まされ、学びながら、さらにその歩みを進め・深めるために憲法前文・9条の理念で地球平和憲章を創り、非戦・非武装・非核・非暴力の世界をめざし、平和に生きる権利の確立をめざす国際的思想運動を起こそうと考えました。

　私たちは2016年8月から、世話人会を中心に「趣意書」を作り（資料①参照）、140名を超える呼びかけ人（憲法・法学者、弁護士、教育学者、教師、芸術家、市民）のもと、20数名の内外の外国人の賛同もえて、2017年3月15日に、「9条地球憲章の会」を発足させ、記者会見をもち、内外に広く参加を呼びかけました。

　呼びかけに応えて国内国外の賛同・協力者も広がり、趣意書も各国語訳（英、仏、独、露、中、スペイン、ベトナム語。アラブ語も近々）ができています。アジア・パシフィックの法律家たち（COLAP）、韓国、台湾、フィリピン、コスタリカ、イタリア、アフリカの友人、戦争で心の傷に苦しむアメリカの元軍人、9条を知る内外の外国人の反響は大きく、2017年5月13日の発足記念シンポジウムでは多くの海外メッセージを頂きました。

　現在（2021）では外国籍の賛同者を含め、賛同者は1300人を超えています。

　私たちは会の目標として、
　1．「趣意書」をふまえて地球平和憲章のモデルづくり
　2．各地、各国での地球平和憲章づくりと情報交換
　3．それを持ち寄っての地球平和憲章づくり
　4．国連での採決にむけての取り組み
とし、この目標にそって、内外賛同者の拡大を図り、情報の発信・交流、会主催のシンポジウムと研究会を重ね、また日本からの地球平和憲章のモデルづくりのためのワーキング・グループで検討をしてきました。

⑹ 内外の先駆的な平和の理念と国際的な実践に学ぶ

　私たちの運動は世界平和に関わる多くの先駆者達の思想に学び、その志を引き継ぐものです。

1）非戦・非武装・非暴力の思想的先駆者達（エラスムス、ルソー、カント、ユーゴー、ソロー、ジョレース、ジェーン・アダムズ、ガンディー、デューイ、フィゲーレス、キング、マンデラ、中江兆民、内村鑑三、田中正造、柳宗悦、石橋湛山、幣原喜重郎等）に学び
　2）婦人国際平和自由連盟（WILPF）、戦争違法化運動、不戦条約、国連憲章、UNESCO 憲章の流れに日本憲法前文・9条を位置づけ
　3）さらに世界平和市民運動（被爆者運動、原水禁運動、9条世界会議、ハーグ世界平和市民会議、平和への権利宣言、核兵器禁止条約、IPB、ICAN、等）の先達者に学びながら、この運動をすすめたいのです。

　コスタリカからもアフリカからも、フィリピンや韓国からも、イスラム圏からも、アフガニスタンで倒れた中村哲さんからも、世界の各地域での平和の先駆者たちから学びたいのです。私たちの運動は、国際的な実践と成果に学び、連帯して、発展させる運動です。

　すでに見たように、非戦の思想は、例えばカントや、V. ユーゴーなどにあり、第一次世界大戦後は戦争を違法とする法律家・市民の運動が不戦条約の成立を支え、国連憲章を成立させました。日本では内村鑑三や田中正造などの先駆的思想があり、敗戦後の国民の平和への願いと幣原喜重郎のイニシアチブ、そしてマッカーサー（GHQ の憲法草案起草グループ）の英知が日本国憲法前文・9条に結晶化したのです。世界の戦争犠牲者の想いも9条につながっているのです。

　コスタリカも常備軍を持たず、軍事同盟を結ばないという中立宣言をしています。

　UNESCO は完全軍縮を目標とし軍縮教育に取り組み、自然と文化の多様性の認識のうえに国際平和文化年（2000）を定め、「世界の子どもたちのための平和と非暴力の 10 年」に取り組みました。

　平和への権利宣言（2016）はすべての個人の平和への権利を認めています。核兵器禁止条約（2021）は核兵器の非人道性の視点からその禁止を求めています。対人地雷禁止条約（1997）やクラスター爆弾禁止条約（2008）はすでに、同じ理由から禁止されているのです。

　基本的人権についても、世界人権宣言（1948）から国際人権規約

（1976）へ、女子差別撤廃条約（1981）、そして子どもの権利条約（1989）、障害者権利条約（2008）へと国際人権法の大きな発展がありました。

　地球環境に関しても、温暖化に代表される急速に進む気候変動危機は人々の「平和に生きる権利」を根本から脅かすため、ストックホルムでの国連人間環境会議（1972）に続き、リオデジャネイロでの国連環境開発会議（地球サミット1992）が開かれ、地球温暖化対策のための気候変動枠組条約が成立し、続いてその具体化のための京都議定書（1997）、パリ協定（2015）が採択されました

　そのうえ、スリーマイル島（1979）、チェルノブイリ（1986）、福島（2011）と繰り返された原発事故は、原発が核兵器と共に人々の「平和に生きる権利」と地球環境への重大な脅威であることを示しました。

　これらの脅威に対する国際的な取り組みを、第二次大戦後の国連憲章と世界人権宣言、それらに基づくその後の成果を踏まえ、今こそさらにいっそう強めなければなりません。私たちはまさにそのために、非戦・非武装・非核・非暴力の地球平和憲章を創りたいのです。

⑺ 地球時代（the Age of Globe: l'ère planétaire）の視点から9条を読み直す

　私たちは地球時代を生きています。その契機は全体戦争と言われた第二次世界大戦の終了した1945年にあります。1945年は、核時代における人類滅亡という危機認識の共有と、平和や人権理念の地球規模への拡大と植民地の解放・独立を生み出す原点の年であったと言えます。これら2つの要因を併せ、「人類と地球の再発見」の現代を「地球時代」と捉えたいと思います。それはまた、地球は宇宙のなかの、太陽系の一惑星であり、生命の誕生と人類の進化の歴史についての、構想力と謙虚さを求めるものでもあります。地球時代を宇宙時代（l'ère planétaire）と捉える含意もそこにあるのです。

　第二次世界大戦の終結と国際連合の成立は、帝国主義と植民地支配の時代の終焉と平和と人権と共生を理念とする新しい時代、人類と地球の新たな発見に基づく「地球時代」の開幕を示すものでした。国連総会決議の第一号（1946.1.24）が核兵器の全面禁止と核戦争の防止であったことはその象徴

的出来事でもあったのです。

　第二次世界大戦の終結はアジア・アフリカの植民地からの独立を促し、平和への希求は世界の人々に広がり、国連憲章に結晶し、日本では憲法9条を生みました。世界人権宣言（1948）は人類全てが人権の主体であることの宣言でした。

　戦争は人を殺し、環境を破壊します。とりわけ核兵器は地球の消滅をも予見させるものでした。私たちはこれらの認識の共有を通して、1945年を画期とし、「人類と地球の再発見」の時代として捉え直し、現代を「地球上に存在するすべてのものが一つの絆で結ばれているという感覚と認識が地球規模で共有されていく時代」としての地球時代の「入り口」にあると自覚したのです。日本の憲法は国連憲章と響き合い、その理念はさらにその先を行くものです。現代を地球時代として捉えれば、その非戦・非武装・非核・非暴力の理念はいっそう輝いてくるのです。

　この間、普遍的人権はもとより平和的生存権、環境への配慮、生物と文化の多様性の思想が生まれ、国と国、人と人はもちろん自然と人間の共生の思想が育っていきます。それは自然の収奪と成長神話を問い直し、持続可能な地球環境への着眼となり、環境への権利の主張へと発展しています。その中には脱原発の視点も含まれています。さらに、子どもの権利の思想が未来世代の権利、地球市民の権利の視点と重なって深まってきている事も重要です。

⑻ コロナと地球時代

　加えて2019年の暮れ、新型コロナウイルスCOVID-19のパンデミックは、経済のグローバリゼーションがもたらした社会・経済的格差を浮き彫りにし、政治への国民（people）による信頼度が試され、国内・国際のあらたな連帯と分かち合うことの課題をつきつけるものでした。まさしく人と人、人間と自然の共生の意味を問い直すものです。

　更にコロナのパンデミックを通して、世界の貧困と人権格差が顕わになってきました。人類の連帯と協調が求められている時に、国レベルの軍拡競争、そしてワクチン買い取り競争などは、国連事務総長やWHO事務局長が警告しているように、それは人類的視点から許し難いことです。

コロナの脅威を前にして、私たちは「地球時代」における共生の視点、とりわけ自然と人間の共生の視点の重要さについていっそうの確信を深め、「地球平和憲章」案でもその視点を強調しました。「平和に生きる権利」の意味を、気候変動危機と新型ウイルスのパンデミックをも視野に深めることで、新自由主義的経済格差拡大のグローバリゼーションに抗う全人類的な新たな協同と連帯の課題が一層はっきりと見えてきました。世界のすべての人々の平和に生きる権利を宣言したわが憲法は、ここでも「世界の宝」なのです。

　私たちの活動はこれらの視点から、憲法の前文・９条を読み直し、その歴史的、現代的意義を捉え直し、地球平和憲章に結晶させ、人類と地球を守るために、世界にむけて発信する思想運動であり、世界と繋がる連帯の運動だと考えています。

　私たちは国際的な地球平和憲章づくりの思想運動にとって、日本国憲法前文・９条は重要な、しかし一つの参考（reference）だと考えています。地球時代が求めている人類と地球を救い、平和と環境を護る思想を、非戦・非武装・非核・非暴力の視点を基軸として、平和に生きる権利に結晶させて、世界の各地からその体験と実感をもとに地球平和憲章のモデルづくりに取り組み、それを交流する過程そのものが重要だと考えています。

2　地球平和憲章を支える「戦争と平和」「人間と社会」「人類と地球」の理解

(1) 価値観の転換──世界史の転換点としての 1945 年

　第二次世界大戦の終結、日本にとってはアジア・太平洋戦争の敗戦による終戦は、世界史の転換点であり、価値観（人間観・社会観・世界観）の転換を決定づけるものでした。

　世界史の転換という意味では軍国主義的全体主義（ドイツ、日本）が解体し、平和主義的民主主義が主流となり、人権の抑圧ではなく、全ての人間（人類）の人権尊重が世界の普遍的価値になっていきます。それはまた帝国主義（欧米列強・日本）の時代が終わり、植民地（アジア、アフリカ、ラテンアメリカ諸国）の独立の時代へと大きく前進したことを意味します。さ

らに核爆弾とその被害はヒロシマ・ナガサキの体験に留まらず人類の経験であり、核（核兵器・原発）時代の開幕は、その開発競争とその廃絶への取り組みの始まりでもありました。核は人類にとって、また地球（自然）にとっての脅威という意識が共有されてくるのです。戦争から平和へ、抑圧から自由へ、それは人類と地球の再発見の時代であり、同時にその人類も地球も消滅するのではないかという危機意識を含んでいます。これを地球時代の始まりと言うことができます。それは「人類消滅の危機意識とともに、この地球上に存在する全ての人、すべての国、そして人間と自然が、一つの運命的絆によって結ばれ、繋がっている『共生』という感覚と認識が地球上に拡がり、共有されていく時代、そのために人類が努力する時代」と定義しておきましょう。

　そこでは人びとが戦争し殺し合うのは、人道に反し、自然の乱開発や核開発（実験）、ましてや核戦争は自然を破壊し、地球を破壊する絶対悪だという価値観が共有されていく時代だといえます。

　1945年8月15日、日本の敗戦と第二次世界大戦の終結はその歴史転換の始まりであり、その第一歩なのです。

　これらの新しい価値観は、植民地支配のもとで抑圧されていた民衆の中に芽生え、戦争の残虐さは戦争を戦場で体験した人々、ヒロシマ・ナガサキで被爆した人々、あるいは無差別爆撃を体験した人々に共有され、自由を求め、平和を求める全ての人々を繋ぎ、思想として深め、政治家を促し、それぞれの国の憲法を変え、新しい国際法と国際秩序をつくりだす力となっていくのです。世界は国際連合、そして世界人権宣言へ。日本では帝国憲法から日本国憲法へ。平和と人権と民主主義が共通の価値観になっていくのです。

⑵ 戦争観の転換　必要悪から絶対悪へ

　戦争観の転換についてもう少し書いておきましょう。

　人類の歴史は戦争の歴史だと言われるほどに、いつの世にも戦争は絶えることはありませんでした。権力をもった為政者たちは「平和を望むなら戦争に備えよ」の掛け声のもと、武器を集め、民衆を兵士にし、常備軍として戦争に備えてきました。

戦争での勝利は栄光の印、戦勝国は偉大な国とみなされました。国際法上も戦争は認められていたのです。

この間にも、平和を求める民衆の願いとそれを思想として表現する思想家の努力も重ねられてきました。平和のためには常備軍を持たないことを説いたカント、「人間全て兄弟だ」と歌ったシラーとベートーベン、永久平和を説いたカント、平和のためには武器は要らないといった V. ユーゴー、20世紀を平和と子どもの世紀にと訴えていたエレン・ケイ、戦争に反対して開戦前日（第一次世界大戦）に暗殺された哲学者で社会主義者のジャン・ジョレース等。日本にも中江兆民、内村鑑三、田中正造、柳宗悦などの平和思想の先達がいます。

第一次世界大戦は空爆と地雷と毒ガスに加えてスペイン風邪が重なり、戦場は凄まじいものでした。現実の戦争は「平和のための戦争」も「民主主義のための参戦」（アメリカ）も空しいスローガンでしかないことを思い知らすものでした。戦後直ぐに国際連盟が組織され、平和のための活動を始めます。アメリカでは法律家の S. レビンソンが戦争を悪であり、違法とする運動（outlawry of war movement）を提起し、大きな市民運動が拡がります。アメリカ参戦に賛成していた J. デューイもこの運動に参加し、戦争非合法化論を理論的、思想的に深めることに貢献したのです。その意味で、デューイは戦争認識の転換を自ら為した思想家といえるのです（戦争非合法化運動については河上暁弘『日本国憲法第9条成立の思想的淵源の研究』専修大学出版（2006）に詳しい）。

この戦争非合法化の思想と運動は国際的にも広がり、1928年に不戦条約〈戦争を違法とする条約〉を成立させる力となったのです。日本も条件付きで参加するのですが、幣原喜重郎がその前後の外務大臣でした。国際連盟には世界の知的交流の国際委員会（ICIC、1922）がつくられ、平和のための国際的な知的協力の活動を始め、不戦条約を支えます。フランスの哲学者ベルクソンが議長で、ハックスレーやキュリー夫人やアインシュタイン、そして当時国際連盟事務局次長だった新渡戸稲造も参加していたのです。

アインシュタインとフロイト

　この会の活動の一環として、面白いエピソードを紹介しておきましょう。

　この会の中心的メンバーの一人であったアインシュタインは量子力学と相対性理論に基づいて、つまり最先端の科学者として、ナショナリズムの無意味さと戦争の愚かさを主張してきた平和主義者としても知られていました（参照：マシュー・スタンレー『アインシュタインの戦争』水谷淳訳、新潮社）。キュリー夫人もそうでした。しかし、その無意味なおぞましい戦争を何故人間は続けるのか？　この謎は解けないままで悩んでいました。

　1932年に、国際連盟の知的協力国際委員会からアインシュタインに「貴方が対談の相手とテーマを選んで議論して下さい」との依頼があり、アインシュタインはフロイトを選び、「人間を戦争というくびきから解き放つことはできるのか？」というテーマでの往復書簡が実現しました。その翌年、共にナチから逃れ亡命し、往復書簡も長い間幻のものとされていました。

　アインシュタインは「技術は進歩し、戦争は文明人の運命を決する問題となったが、いまだ解決策がみつかっていない。」と書き、戦争をよいチャンスだとしか見ない「権力欲に駆られるグループ」と「それにすり寄り金銭的利益を追求するグループ」がはびこり「少数の権力者たちが学校やマスコミや、宗教的な組織すら手中に収め、大多数の国民の心を思うがままに操っている！」と憂い、心の問題に詳しいフロイトに「なぜ多くの人が破壊への衝動にたやすく身を任すのか。人間の衝動に精通している貴方の力をおかりしたい。」そして「人間の心を特定の方向に導き、憎悪と破壊という心の病に侵されないようにすることはできるのか？」と問いかけたのです。当時の状況は不戦条約のあとでしたが、世界恐慌が始まり、日本軍は満州への侵略を始め、幣原外相が抗議の辞任。国際連盟も調査団を派遣したのでした。ドイツではベルサイユ条約への憤懣がつのり、乗じてナチスが台頭してきており、アインシュタインには平和への強い危機意識があったのです。

　フロイトはアインシュタインの依頼を受けて、知のフロンティアの問題に物理学者と心理学者が対談するのかと思ったが、テーマを聞いて、「人間を深く愛する一人の人間として、この問題を投げかけたのだ」と気づき納得したと述べて、彼の視点からの戦争の歴史の分析を行い、暴力による支配から

法による支配への変化を述べ、国際連盟を人類史上まれな実験だと評価しました。そのうえで、憎悪を人間の本能だと認め、「人間から攻撃的な性格を取り除くなど、できそうもない！」しかし「文化の発展が人間の心のあり方を変える。戦争への拒絶は、単なる知性レベルでの拒否、単なる感情レベルでの拒否ではない」「私たち平和主義者は身体と心の奥底から戦争への憤りを覚えている」と書き、「文化の発展が生み出した心のあり方と、将来の戦争がもたらすとてつもない惨禍への不安——この二つのものが近い将来、戦争をなくす方向に人間を動かしていくと期待できるのではないか」と応えているのです。

　世界が平和から再び戦争へと歩み始めたとき、なんとか阻止できないかと思いあぐねたアインシュタインの問いと、〈私たち平和主義者〉と書いたフロイトの、人間の攻撃性を認め、楽観論を退けたうえでの、人間が野生動物を家畜化しその性質を変えてきたように、人間も歴史のなかで文化を変え、人間の攻撃性や破壊衝動を抑え、変化することに賭けようとするその人間理解と、現実に迫っている戦争による巨大な破壊へのリアルな予感とその先に見る希望に、その人間理解の深さに、改めて感銘を受けたのでした（参照：アインシュタイン／フロイト『ひとはなぜ戦争をするのか』浅見昇吾訳、講談社学術文庫）。

　ユダヤ系の二人の平和主義者は翌年にはナチに追われ、フロイトはイギリスに、アインシュタインは米国に逃れます。

　アインシュタインはナチスの原爆開発計画に危機感を持ち、ルーズベルト大統領に原爆開発を促す手紙をだし（1939）、マンハッタン計画のきっかけをつくることになったのです。原爆はヒロシマ・ナガサキに落とされ、その惨状を知って科学者としての、平和主義者としての良心の呵責に打ちのめされることになるのです。そのことが戦後間もなく核兵器廃絶と軍縮を可能とする世界政府の樹立を訴え、B. ラッセルとの核兵器廃絶の共同声明（1955）そしてパグウォッシュ会議を呼びかける原動力となったのです。フロイトへの手紙（1932）を書いた平和主義者の心痛は察するに余りあります。「平和のための核抑止力論」の危険性（過ち）を自ら体験したのがアインシュタインだったといえるのではないでしょうか（なおこの部分は『反核法律家』

2020 夏号 103 の私の論考に重なります）。

　残念ながら、大恐慌（1929）の後、ヨーロッパではドイツのナチスの台頭、アジアでは日本の軍国主義の跋扈（ばっこ）によって、平和は壊され、第二次世界大戦となるのです。

　戦後の国際連合は平和と民主主義、人権と自由の新しい価値観に立って、国際連盟を引き継ぎその失敗から学び、国連憲章（1945.6）に基づいて活動を開始し、核の時代を意識し、戦争を違法とする戦争認識に立って新しい平和な世界をつくろうとしたのです。日本の憲法もその流れの中で生まれるのです。「平和にたいする罪」「人道に対する罪」を設けた国際軍事裁判（ニュールンベルグ裁判と東京裁判）は国際法の転回だけでなく庶民の戦争認識を変える出来事でもあったのです。

⑶ 軍備は平和のために必要か、戦争を抑止するのか

　「戦争抑止」のための「軍備拡大」は戦争への道につながっています。

　古来から「平和のためには戦争に備えよ」と言われてきました。しかし戦争に備えれば戦争になるのです。

　〈軍備は平和のための抑止力である〉、つまり抑止力とは敵の攻撃を未然に防ぐ力を持つことであり、そのためには仮想敵の攻撃力に勝る戦力・武力を持っており、攻撃しても無駄だということを仮想敵に知らしめ、ときに威嚇することが不可欠です。

　仮想敵も同じく抑止力を持とうとすれば軍備の拡張競争は限りなく続きます。さらに敵の攻撃を口実に、自衛のためとして戦闘は開始されます。

　歴史的に見ても、近代の国民国家が、隣国との緊張関係のなかで、しかもそれに植民地争奪の争いが重なって、戦争国家として軍国主義化し、国民の義務としての徴兵制度と軍拡競争に至るのは必然でした。

　国家主導の軍拡は大工業の発達とその軍需産業化を促します。国家が注文主で製品は税金で国が買い上げるのですから、事業者は安心して生産できます。産業の構造は次第に軍需産業中心になっていき政治への発言権も増大します。不況は軍需産業化を促します。軍部は軍拡によって発言権を大きくしていきます。

軍事（費）情報は相手に知られては危険ですが、味方にとっても機密であり、国民の知る権利も参加の権利も制約され、民主主義は抑圧されていきます。学問・科学の研究も、研究費の配分の圧力から、次第に軍事（防衛）研究に流れていき、研究の自由も侵されていきます。教育にも国の統制が強まり、子どもたちの真理・真実を学ぶ権利も侵されていくのです。

　こうして軍需産業は経済の構造を変え、政治のあり方を変え、学問や教育のあり方を変えていき、産・軍・学・教の共同体制が進んでいくのです。

　戦争が無い状態（平和）が続けば武器がたまります。抑止力は確保して、余分になった武器のはけ口は、同盟国に売りつけることになります。自国に影響の少ないところで紛争が起きて、その当事者に、時に双方に、余った武器を売りさばけばよいのです。紛争国の武器の輸入国を見れば、大国の代理戦争であることが多く、ときに敵味方の双方が同一大国から来た武器で争いあうこともあるのです。「死の商人」とも呼ばれる軍需企業が暗躍するチャンスでもあります。それは一触即発の危機を高めるきっかけともなるのです。

　本来そのような構造を持つ資本主義を批判し対抗するための社会主義も、国家となって資本主義国家と対抗し、絶え間ない戦争の危機のなかで軍事力を強化したのです。ここでも軍需産業、とりわけ核を軸に産業構造が変質し、人民のためにあるはずの社会主義経済が軍需産業によって侵食され、社会主義国家は軍事国家に変質し、同盟国を巻き込み、やがて自壊していったのです。ソ連の軍事国家化と崩壊（1991）はその例です。

　軍事国家は経済的に自壊します。自壊しないためには軍事製品の市場を確保し、地域紛争を必要とするのです。そのための謀略も絶えず、戦争の危機は深まります。これは法則的なことです。

　平和のためには、軍事国家を、平和産業を軸とし、軍事産業とは無縁な平和国家にする他に道はないのです。非戦・非武装は９条を持つ日本平和国家が現実政策として追求すべき課題であり、改憲と軍事化は破滅への道なのです。

⑷核兵器は戦争抑止力を持っているのか

　現代の国際政治は核の抑止力によって、辛くも平和つまり戦争のない状態

が保たれているとする理論ないし理解があります。最初は一国だけが核を保有しているときは、脅威を与えることで戦争が抑止されると考えました。次の、核の独占が不可能になった段階では、保有国双方の核が相手の核の使用を抑制していると考えます。米ソ対立という現実の国際政治のなかで、核および抑止論は特別な意味をもって登場してくることになります。核には核をもって対抗し、その抑止力バランスの上に辛くも平和が保たれてきたように見えます。

　しかしこれを、核が戦争を抑制してきたと言ってよいのでしょうか。

　互いに上位に立つための核開発競争も必然です。偶発核戦争の危険は絶えません。その同盟国として核の傘に安全性を委ねている国も、核の抑止力を頼りにしているのだといいます（日米同盟）。しかし、その同盟国関係は核保有国への従属的関係であることも明らかです。

　核の傘下にある国は核抑止力の恩恵に浴しているかに見えて、その実は敵対する仮想国の攻撃の対象となる危険な状態に自分をおくことになるのです。日本は安保条約で、アメリカの核の傘のもとにあり、在日米軍基地はアメリカと敵対する北朝鮮の攻撃の対象になるのです。日本の原発も格好の攻撃対象になるのです。このような状態を核が抑止力を持つと言うことはできません。

　いまも米朝首脳は双方が核の抑止力を信じています。それ故に核の小型化、それを阻止するミサイル開発と、開発競争は止まらず、宇宙戦争も視野に入れ、それ故に軍事費の増大と戦争の危機に歯止めはないのです。それによって国内の政治や経済に歪みや犠牲を強いているのです。核の傘の下にある国も同様なのです。

⑸ 核兵器禁止条約の成立・発効の意義

　核兵器禁止条約をめぐる争点は核抑止論の是非にあり、核保有国は抑止力を主張して条約に反対しています。それだけに核抑止批判論が条約になったことの意義は大きいのです。国際条約によって、つまりは国際法によって核抑止力論は否定され、核で威圧することも人道に反することを明示しました。条約に反対した国も、今後の国際政治のなかで、成立した条約を無視し続け

ることはできないのです。

　国連での採決で禁止条約を承認した国は 122 カ国（2017.7）であり、批准国が 50（2020.10）を超えて、条約は発効しました（2021.1.22）。今後の課題は批准国を拡げること（現在 54 カ国）にあり、核の傘下にある国、とりわけ、唯一の戦争被爆国日本、9 条を持つ日本の動向は国際的にも注目されているのです。条約の上程を決めた大事な国連の委員会を欠席した際、そのデスクの上に「あなたはそこに居て欲しかった」と書かれた折り鶴が置かれていたのです。条約に反対した日本政府が「橋渡し」の役割をいうのなら、まず自ら渡ること、すくなくとも渡る意思を示すことであり、条約反対を言うことなどあり得ないはずなのです。

　2021 年 8 月には、昨年延期された核拡散禁止条約（NPT）再検討会議が開かれる予定です。核保有国には核先制不使用宣言とともに、核の全面削減へむけての努力（NPT 6 条）が求められるはずです。核拡散禁止条約のさきに核兵器の全面禁止条約があるのです。

　各地域での活動、私たちにとっては、北東アジア非核地帯をつくる市民の国際的運動も不可欠です。朝鮮半島の非核化は、南北が関係諸国と共に朝鮮戦争の停戦状態を終結宣言に変え、南北ともに核兵器禁止条約に賛同し批准すればよいのです。周辺諸国がそれを支えることが不可欠で、日本も当然批准すればよいのです。日米関係も、韓米関係も変わらなければ朝鮮半島の非核化はありえません。

　平和のためには平和への努力を！　平和を愛する国民の意思で、非核の政府を創ることこそ私たちの当面の課題です。

　その先には非戦、非武装、非暴力、全ての人の平和に生きる世界への課題が見えています。これが私たちがめざす地球平和憲章です。

⑹ コロナパンデミックが突きつけた人間と世界への問い

　新型コロナの世界的なパンデミックは改めて現代が地球時代であることを考えさせるものでした。コロナ禍の下、自粛という名の閉塞の状態のなかで、頭だけは世界の情報に開かれている状況が続き、日ごとに拡大する世界のパンデミック（世界拡大）情報は、ウイルスのグローバリゼーションと情報の

グローバリゼーションを世界に共有させ、現代が地球時代であることを実感させるものでした。人類が連帯し、共同してコロナ禍に取り組まねばならないことを自覚させたのも、地球時代としての現代認識があるからでしょう。発生源を名指しして、賠償を求めることなどはあってはならないのです。ワクチン開発の競争と独占化の動きなど、地球時代の倫理に反するものだといえます。自粛は萎縮ではなく、社会的距離は孤立であってはなりません。自分を守ることが貴方を守ること、自己愛と利他愛はひとつのこと。この良識（真実）を言葉ではなく、身体を通して、理解できた人も多いでしょう。しかし強要された自粛は自粛とはいえず、監視のなかの自粛は萎縮となり、監視の内面化は他者への眼差しを変え、「自粛警察」として攻撃性と差別感情をうみだすことも知りました。

　ところで、コロナ禍の前で人は平等である。確かにそうです。しかし国により、地方により、被害の大きさ、広がりの速さ、対策の違いは明らかであり、医療体制、社会保障のあり方の違いが目に見えるようになってきました。新自由主義のもと医療・福祉を切り捨て、社会の格差を拡げてきた国では医療崩壊を早め、社会的弱者の感染・死亡率の高さは社会的貧困と連動し、それは人間の尊厳を奪う死者の埋葬のされ方にも現れました。貧困と格差の差別的構造は、国内のみならず地球規模であることを、コロナは逆照射して可視化させたのです。世界には「３密」が日常の人たちがいる、手洗いしろといっても水がない、ワクチンも回らない、感染爆発は当然の成り行きなのだということも。

　他方でしかし、科学と医療に国境なしの信念のもとでの国際的連帯も広がりました。人々の意識にも、医療従事者や介護従事者への感謝と、自分のために耐えることが、他者を守り、世界に広がるパンデミックと闘うことなのだという、人類意識と連帯の感覚を目覚めさせてもくれました。それは市民の参加と信頼に基づく政府の、科学的専門性と透明性のある、未来世代を配慮しての、世界に開かれた政策を求める意識と繋がっています。

　この間、警察官による黒人ジョージ・フロイドさんの殺害事件はアメリカ社会の暗部を照らしだしました。人種差別への非暴力の抗議運動は、ジェンダー視点を含んで、帝国主義的植民地支配を過去ではなく現在の問題として

問い直す、国際的な連帯運動にまで拡がっています。「女・子ども」は無視し、軍拡は止めず、ショック・ドクトリンで利益を狙うなど論外なのです。

　グテーレス国連事務総長はこの間繰り返し、紛争地帯の一斉停戦とWHO と協力しての貧困層と難民の救済の国際的支援を呼びかけ、地球時代の人類的連帯を訴えています。国連人権委員会と子どもの権利委員会は、コロナ禍のなかでの性的差別と子どもの権利の侵害について厳しい警告を出しています。

　グローバルに広がるコロナへの向き合い方に違いがありますが、その成功のためには国民の信頼に支えられた政府の、科学的知見に基づく決断の速さと透明性と、検査と自粛と補償の一体性が求められます。コロナ対策には民主主義とはなにかが、そしてそのありようが問われています。長期的には人間と自然の関係、命と死への向き合い方が問われているのです。民主主義にも、平和で世界的な連帯の民主主義（peace and global democracy）が求められているのです。

　長期の緊急事態と自粛は生命と生活のあり方と、人は関係のなかで生きることの意味を問い直しています。イギリスのジョンソン首相は自分も罹患し、あらためてサッチャー元首相が否定した「社会」は存在すると言いました。国家と個人だけではなく社会があると。

　人と人との繋がりのなかには子どもがいる、青年もいる、老人もいる、障がい者もいます。これまで見えなかった、見ようとしなかった、社会を支える人たちがいるのです。命を守るために自粛し社会的な距離をとると言っても、そのことによって命を失う、生きている意味を失う人もいます。オンラインでは仕事のできない人も多いのです。

　とりわけ発達の可能態としての子どもにとっての「現在」は、自分の未来と社会の希望と繋がっています。あそびの場を奪われ、学びの場が閉じられたことは、現在の苦痛と未来の不安として、その欠損は二重化されます。一斉休校し、孤立化を強いる自粛は「社会」を奪うことに通じています。逆に40 人を超える学級が過密社会であることを、20 人学級こそ学びの環境としてふさわしいことをコロナ禍は教えているのです。学校は変わらなければならないのです。

子どもたちにとってコロナは、いまそのことを体験し、学びを深めるチャンスでもあるのです。大人がそのことに気づき、自ら学び、親が、教師がその学びを励ますことが大事なのです。コロナから学ぶことは大きい！　生活学習の中心にコロナを据えれば、命と身体・健康への気づき、友達関係の気づきから、社会への気づき、疫病と人類の闘いと共生の歴史、そして地球上の人びとへと共感と連帯の意識は広がり、一人ひとりの尊厳を軸に、主権者の自覚と政治への関心も育ち、新しい未来も見えてきます。「平和に生きる権利」の内実も確かなものとなるでしょう。そうしたいものです。

　さらに、コロナ禍の中で、老人と子どもへの配慮と保護の問題が注目され、医療や介護やライフラインを守る労働の重要性についても関心が向けられたのは大事なことでした。ときに関心の外におかれがちの子どもについては、その子どもの権利の視点が、抽象化されがちの人権を問い直し、子どもの成長発達とあそびの権利、学びの権利が、平和と環境への権利と結びつけられて、子どもの権利が人権の根底をなし、人権思想を豊かにするものであることを、コロナ禍の現実が教えているのです。平和に生きる権利は子どもの権利の前提的権利であり、子どもの権利の保障なくしては平和に生きる権利の実現もないことも明らかです。

⑺ 地球時代に求められる新たな人間観と地球・世界観

　私たちの憲章を支える理念は、その歴史認識と人間理解に由来するものです。非戦・非武装・非核・非暴力の思想は、現代を「地球時代」と捉え、それにふさわしい人間理解と価値観からくるものです。そこでは平和への権利、全ての人の人権、環境への権利、子どもたちの発達・学習の権利、未来世代の権利、そして人と人、国と国、人間と自然の共生の思想が求められています。さらに公正と信義への信頼を軸に、多様性と寛容、思想信条の自由と偏見からの解放、あらゆる暴力の否定、人間的感性と開かれた理性、普遍の押し付けではなく、個別を貫く普遍へと開かれてある精神態度が求められます。これらは歴史を通して積み重ねられてきた人類の確信（conscience）です。

　これらの地球時代の価値意識、多様性の尊重、とりわけ個人の尊厳と他者への尊敬の念は、生活と教育のなかで、それが否定されている状況への批判

を通して、歴史認識を通して、学習され、身に付いていくのです。

　これらの価値観は新自由主義と金融資本のグローバリズムとは別の道、地球時代にふさわしい〈平和と人権と共生〉の価値が地球規模で広がり、共有されていくことを求めるものです。それは一つの価値の押し付けではなく、個人の尊厳を軸に、国や地域（リージョン）の歴史と文化の多様性を認めあい、繋いでいくプロセスを含む国際化（インター・ナショナリズム）であり、新しい共生と連帯のグローバル・ヒューマニズムだといえます。その社会は、持続可能な地球環境のもとでの、全ての人の幸せ（well-being）を保障する社会であり、戦争のない、貧困と差別、構造的暴力からも解放され、経済の成長神話からも、核の安全神話からも解放された、平和で抑圧のない、人間的で自由で公正な社会だといえます。

　核兵器禁止条約の成立は改めて、核兵器も戦争もない世界への歩みを求めています。

　更にコロナの脅威を前にして、私たちは「地球時代」という視点、とりわけ自然と人間の共生の視点の重要さについていっそうの確信を深めました。また、「平和に生きる権利」の意味を、気候変動危機と新型ウイルスのパンデミックをも視野に深めることで、新自由主義的経済格差拡大のグローバリゼーションに抗う全人類的な新たな協同や連帯の課題が一層はっきりと見えてきました。元の日常に戻るのではなく、新たな関係のなかでの新たな日常を創りだす事が求められているのです。

　自己責任と競争と排除という人間分断の社会を続けるのか、自愛と他愛を一つのことと捉え、人々のつながりと分かちあいの社会を作っていくのか。自分のこと、自国のことだけでなく、人類のこと、地球のことも視野に、行動する主体を育てるのか。新しい人間観・社会観と地球観が求められているのです。

　Act locally and globally, think globally and locally！が求められているのです。

（堀尾輝久）

第2章 「非戦・非武装」主義と平和に生きる権利の現段階

1 非戦を定めた憲法9条

(1) 非戦憲法の登場

憲法9条では、1項で戦争と武力の行使・威嚇を永久に放棄し、2項では武力を保持しないことが定められています。

戦争をしないことが憲法に書き込まれていることはあたりまえのように見えますが、歴史的にみて非常に意味の深い規定です。かつては、特にヨーロッパ諸国の戦争が何世紀にもわたって絶えず、第一次世界大戦では、兵士だけでなく、一般の市民に多くの被害者が出ました。第一次大戦後にできた国際連盟でも、戦争自体が違法とはなりませんでした。

その後アメリカで戦争を非合法化しようとする非合法化運動が起こりました。これは戦争自体を違法（非合法）とすることを目指したものです。1929年のパリ不戦条約は戦争を非合法とした史上初めての国際条約です。その後これは第二次大戦後の国連憲章に引き継がれ、国連憲章ではその目的の一つとして、各国に武力の行使と威嚇を抑制することを求めています。戦争や武力の行使が法に違反するもの＝「違法」とされたのです。その後にできた憲法9条はこの流れを汲んで、戦争と武力の行使・威嚇が憲法上禁止されたのです。これにより、「戦争をしない」ではなく、「戦争をしてはならない」となったのです。

(2) あらゆる種類の戦争と武力行使を禁止

また、戦争は、どのような名目であれ許されません。戦前日本の中国東北部への侵略と植民地化の出発点となった満州事変は、「事変」と呼ばれていましたが、その実質は侵略戦争です。そのため、憲法9条1項では、戦争だけでなく、武力の行使自体を禁止したのです。自衛を目的とした戦争も許されません。国連憲章では自衛権の行使が認められていますが、憲法9条では、

国際紛争を解決する手段としての戦争は一切許されていないのです。さらに、もちろん、「テロをなくすための戦争」や「大量破壊兵器をなくさせるための戦争」など、どのような名目の戦争も許されません。これらは自衛戦争の枠をも踏み外しています。

(3) 軍事力による解決自体を否定

　戦争は、政治の延長線上にあるものだとも言われています（クラウゼヴィッツ『戦争論』）。しかし、政治や外交などの言論や交渉で解決すべきことを、武力で訴えることは次元が違います。軍事力で相手を負かすことでは、一見問題が解決するように見えますが、真の問題解決には至りません。アフガニスタン戦争やイラク戦争によって平和になったのでしょうか。現在でも地元では他国の軍事的介入による混乱が続いています。アメリカの中東に対する軍事的支配、国家間の不平等な関係、人々の貧しい生活などの矛盾や問題点は解決されていないのです。戦争や軍事力の行使という手段が誤っているのです。

　戦争によって事態が解決できないことは現在でも続いています。シリアで内戦が起こると各国が軍事介入し、さらに国家間の対立状況が複雑化し、ISなどの過激集団が発生した問題も解決されていません。

2　非武装憲法としての９条の現代的価値

(1) 非戦・非武装の憲法制定の経緯

　日本はアジアに対する侵略戦争と植民地支配をし、第二次世界大戦で敗戦し、連合国から無条件降伏のポツダム宣言（1945）を受諾しました。ポツダム宣言では日本の武装解除が要求されました。1947年に制定された日本国憲法は９条で、日本国民は、戦争を永久に放棄し、武力による威嚇と行使も永久に放棄するという「非戦憲法」であると同時に、陸海空軍などすべての戦力を保持しない「非武装憲法」になったのです。

　特に、非武装憲法は、世界でも非常に数少ない憲法で、日本のような経済大国の中では日本国憲法が唯一の非武装憲法です。

⑵ 9条が果たしてきた役割

　その後、中華人民共和国の誕生（1949）、朝鮮戦争1950年を契機に、アメリカのアジア戦略が変化して、アメリカは日本に再軍備化を働きかけました。自衛隊の前身である警察予備隊が1950年に創設され、その後自衛隊に発展していきました。一方、アメリカは、1951年にサンフランシスコ平和条約と日米安全保障条約を結び、米軍基地を日本に置いて、その点でも日本の非武装化はなし崩しになってきました。

　しかし、それ以来70年以上にわたり、日本は海外での戦争行為には直接加わらず、平和国家として存続することができたのは、憲法9条とそれを支持する日本国民の世論と運動があったからです。

　憲法9条は、非核3原則、軍事費1％枠、武器輸出禁止原則などの平和政策をも生み出してきました。現在、それらの原則が崩されながらも、効果が一部残っているのは、9条があるおかげです。

⑶ 国際社会における9条の役割

　一方、国際社会では第二次世界大戦末期の1945年6月に国連憲章が誕生します。

　国連憲章は、最大の目的を国際平和を達成することに置き、不戦条約（1929）以来の国際法の到達点である武力行使と威嚇禁止の原則が定められました（国連憲章2条4項）。紛争の平和的解決も原則（2条3項）として定められました。ただ、大戦前のドイツや日本のような侵略的ファシズムに対抗するために、多国間が共同して侵略などに対処する強制力を認める集団安全保障体制も同時に定められました（憲章7章、42条）。武力の行使が起こった時は、安全保障理事会が必要な措置をとるまでの間に暫定的に各国に自衛権の行使も認めました。

　国連憲章は、日本国憲法9条のような完全な非武装主義こそとらないものの、国際平和の達成を目標に置き、武力行使禁止原則を取るという形で徹底的な平和主義を指向しています。

　ただ、憲法9条の場合と同じく、冷戦の進展や地域紛争の激化により、安全保障理事会での一致した行動が取られないことや、自衛権の拡大解釈や

新たな正当化（大量破壊兵器の使用の危険など）により、軍事力の行使に関して、国連憲章が原則通りに機能しているとは言いがたい状況があります。もっとも典型的な憲章違反による軍事力の行使が米英によるイラク戦争（2003）でしょう。アメリカが正当性を主張していたイラクによる大量破壊兵器の危険も存在しませんでした。

　そのような中で、日本国憲法9条の果たす役割が国際的にもよりいっそう強調され、画期的なハーグ国際市民平和会議（1999）では、「公正な世界秩序のための基本十原則」のトップに、各国議会が憲法9条のように自国政府が戦争をすることを禁止する決議を採択すべきという原則が掲げられました。国連憲章の原則が守られていない現実を前に、日本の非武装憲法9条は、武力の行使や自衛の名の軍事力の行使が危険を伴うことへの警鐘としての意味を持ちます。また、9条は武力によらない平和を指向しているため、前述した海外で戦争をしないなどの歯止めの効果も期待されます。

　9条を地球憲章として世界に広げていくことは、このような非戦・非武装の思想を世界に広げていくことでもあります。各国の実情に応じて、憲法や法制度として取り入れるよう訴えていきたいのです。また非武装の憲法をすぐに取り入れられなくても、戦争の放棄や紛争の平和的解決の原則、外国軍事基地の撤退など部分的にでも取り入れることも重要です。そのような国が一つでも増えていくことが将来の非武装の社会実現に近づいていくのです。

　そして、国際社会が、軍事ブロックの形成や軍事的対立を煽る関係から、多国間主義や国連中心主義の方向に進めば、各国の軍事力の保持や行使が制限できる可能性が出てきます。軍隊はいつまでも永遠に必要でしょうか。やがては国連憲章も、各国の武力の保持や行使が自制され、国連が警察的な役割だけ果たされるように変わっていける展望を持ちたいのです。

　その意味では、各国が平和的条項を憲法や法制度として取り入れていく際には、非戦・非武装の日本国憲法9条を一つのモデルとして、各国に応じた形で非戦・非武装の理想に近づけてほしいと思っています。

　もっとも9条が果たしてきた役割は、日本の歴史的な特殊性を反映しています。当時は、日本の侵略戦争に対して、連合国側が武装解除を求めたことが、非武装の憲法を生み出すきっかけになりました。しかし、それにとどま

らず、日本国内でもそれに呼応して民衆の憲法を作る動きがあり、国際的にも不戦条約以来の戦争を非合法化していく流れも合流して誕生しました。

　軍隊を憲法で廃止したコスタリカは、国土が荒廃した内戦の反省を時代背景に、常備軍を廃止する憲法を 1948 年に制定しました。そして今でも軍隊と名の付く暴力組織は存在していません。

　国際的な平和と安全保障についての基本法である国連憲章も、連合国側の大国の思惑もありましたが、ドイツや日本のようなファシズムの侵略をいかに世界規模の警察で軍事的に防ぐかが戦後の国際社会の最大の関心事でした。憲章では、国連安保理決議が侵略行為などに対して強制的な措置を取ることができるようになりました。国連憲章の誕生にはこのような特殊な歴史的な背景がありました。今後とも同じ国連憲章が続くとは限りません。

　国連憲章で禁止されている軍事ブロックの禁止や、国連憲章 51 条の自衛権（個別的・集団的）の要件を厳格にしていくことは、憲法 9 条をより大きい国際規範にしていくために役立ちます。軍隊を持つことや国が武装することは当然の前提ではなく、その前提を問う必要があります。

　軍隊があればクーデターが起こり、国民を弾圧する道具にもなりかねないことは、2021 年のミャンマーの事態を見てもわかりやすいでしょう。軍隊は国民にも武力を向ける可能性があります。軍事費の増大は国民生活を圧迫します。コロナウイルスなどの対策に予算を使わなければならない時に、戦闘機のような高額な買い物をする必要はありません。軍隊には弊害が多く、軍隊をなくすこと自体を常に訴え続け、憲法 9 条を国際的に広め普及していく必要があります。

　また、敵対関係にある国際関係において、自国が軍隊を持つと、相手国にとっては、その軍隊の規模や攻撃能力が正確にわからないために、相手国は軍隊を増強していくことになり、それを見て、またこちら側も軍事力を強化していくという、軍拡競争の悪循環にはまってしまいます（安全保障のジレンマ）。軍隊を保持すること自体がこのような危険を生むのです。

　日本やコスタリカの非武装憲法は歴史的に戦争や内戦という大きな歴史的出来事をきっかけに誕生しましたが、似たような事象は他の国においても今まで起こってきました。

2000年代、南米で米軍基地が住民を苦しめていた時に、エクアドルは政権が変わり米軍基地を追い出す憲法を作りました。フィリピンでも米軍基地が住民に害悪を与えていた時に、ピープルズパワーでマルコス独裁政権を引きずり下ろし、1992年に米軍基地の継続に議会の承認が必要だという憲法を作って、2つの米軍基地を撤去しました。アラブの春によって政権交代がなされた時には、中東では9条のような憲法案を市民が提唱していました。このように政権の変革とともに、平和憲法が誕生することがあります。

　また、ミャンマーの軍事政権はいつまでも軍隊による政権を維持して、政権にしがみつくことができるのでしょうか。そしてなによりも世界に800もの海外軍事基地を持つアメリカの中にも今や米軍基地撤去の運動が起こりつつあります。

　さまざまな形で、日本国憲法9条のような非戦・非武装憲法を取り入れていくことは可能です。その際に参考になるのが、この本で提案している9条を基礎にした地球平和憲章です。

3　自衛隊と米軍基地にどう対処するか——憲法9条がかかえる二つの矛盾

(1) 世界情勢の変化とアメリカの戦略転換

　先ほど、冷戦の開始、中国の誕生とアメリカの対アジア戦略の変化により、アメリカそして、日本はアジアにおいて、日本の西側世界への積極的組み込みを画策するようになり、自衛隊と米軍基地を日本国内に置くようになったと述べました。このように憲法9条に反する現実に対して私たちはどのように臨めばいいでしょうか。

(2) 自衛隊への現実的対応

　自衛隊は、国を軍事力によって守るものだという考えに基づき、その誕生以来拡張を続けています。現在も、装備や作戦の近代化、アメリカからの武器や戦闘機の購入など量質とも世界有数の実質的な軍隊になってしまっています。軍事費では世界第9位（2019）の軍事大国になっています。

自衛隊は、憲法９条の立場からはどのように変えていけばいいのでしょうか。軍隊や軍事力はそれ自体相手国に脅威を与えます。日本は武装した軍隊を対外的な軍事活動に使うのではなく、その装備や機動力を、災害救助や人道支援などの活動にこそ生かすべきです。そうしていくことにより、だんだんと武器や武力として使用する必要性が薄れてきて、自衛隊が対外的な武装組織でなくなる日がくるでしょう。地球平和憲章（案）では「完全軍縮を目指して、軍隊は軍事組織から警察組織、そして災害救助や人道的な援助の組織に変えるべき」と提案しています。ただ、これは日本が単独ではできませんから、中国や北朝鮮などのアジアの近隣諸国との友好的な外交活動や市民レベルの交流を進め、軍事的な対立関係にならないような国際環境も同時に作っていく必要があります。

⑶ 日米安保・米軍基地への現実的対応

　日本にある米軍や米軍基地も、現在は日本国民の多くに日本を守ってくれる存在として支持されているようですが、沖縄など米軍基地を多く抱えている地域では、米軍基地に対する攻撃の可能性や米軍機や兵士による事故、人権侵害事件などの害悪をまき散らしています。また、米軍基地は、世界第１位の軍事力を有するアメリカの軍隊ですから、米軍基地が日本にあるだけで、北朝鮮や中国に対する軍事的な刺激を与え続けていることに注意を払うべきです。北朝鮮が、ミサイル攻撃の目的として沖縄の米軍基地を挙げたことは記憶に新しい出来事です。日本と韓国にある米軍基地は、北朝鮮に対して核攻撃の脅威を70年以上にわたり与えてきています。

　この米軍基地は日米安保条約６条に基づき日本に置かれていることが認められています。また５条ではアメリカが日本が攻撃された際に軍事行動を取ることも定められています。この日米安保条約が他国に軍事的脅威を与え続けている根源です。

　米軍基地の撤去の運動、地位協定改善の運動、安保条約廃棄の運動とともに、それにとどまらず、世界から米軍基地を撤去する運動と連帯することにより、米軍基地を縮小、撤去していくことを目指すことが外国軍事基地をなくしていく展望です。このような形で９条と異なる現実を変革していくこと

が必要です。地球平和憲章では「外国軍の基地も駐留も認めません。又、海外に軍事基地をつくることも認めません。軍事同盟は結ばず、平和友好関係を築き、敵は作らないこと」と提案しています。

4　非核憲法としての憲法9条

(1) 憲法9条と核兵器の保持

　日本国憲法は核兵器のことについては直接触れていません。しかし、憲法9条2項のあらゆる戦力の保持の禁止の中に、大量破壊兵器である核兵器の不保持も当然含まれます。非核3原則という政策が採用されているのも、日本が被爆国であるということとともに、戦力を保持しないという憲法9条を保持しているからです。

　しかし、今まで日本政府は、「憲法9条の解釈として、絶対に持てないということではない。必要最小限の自衛のためであれば持ちうる。」などと答弁して、核兵器を持つ可能性を肯定しています。核兵器は、一度に何十万人という人々を殺傷する大量破壊・非人道兵器の最たるものです。仮に自衛のためであっても、核兵器の保有までは必要ありません。日本のような軍事大国が、しかもアメリカとともに核兵器を持ったら、他国はどう思うのでしょうか。ますます核保有に走らせてしまう危険があります。核兵器の保有は、相手国に対して脅威を与えます。核抑止力論者は、それによって相手国の核兵器の使用を抑制できると説きますが、それでは核軍拡競争の悪循環に陥ってしまい、ますます世界から核兵器が増えていくことになります。

　しかも日本は原爆を投下された原爆被害国です。人道的な理由からも核兵器を保有することは許されません。政府でさえ非核3原則を口にせざるを得ないのは、憲法9条があるからであり、非核を求める内外の世論があるからです。コスタリカの2008年の核燃料製造違憲判決では、原発の燃料を開発することでさえ、核兵器の製造の準備行為につながる可能性があるとして、コスタリカの平和憲法違反と判断しました。平和憲法を持つ国が、核兵器を持たないのは常識なのです。

⑵ 核兵器の国際条約と地球憲章の運動

　核兵器廃絶については後の章で詳しく触れますが、現行の核不拡散条約（NPT条約）では、核兵器保有国が軍縮交渉義務を負い、それ以外の国が核兵器を持たないように義務づけています（2条、6条）。これは、核兵器保有国の核保有を正当化するもので、不平等条約です。核保有国の軍縮交渉義務も果たされておらず、米ロがいまだに数千発の核兵器を保有しています。このような現実を前提に、非核兵器国に核兵器の不保持を要求しても説得力がありません。北朝鮮が核保有をするようになったのも、アメリカが核兵器の削減をせずに、韓国と日本にある米軍基地から核の脅威を与え続けているからです。核兵器保有国にだけ核保有を認めることに対する限界が表れています。

　このような状況を打破するのが、2021年に発効した核兵器禁止条約です。核兵器禁止条約は、すべての国に核兵器の保有を禁止しています。核保有国にも批准をせまって核兵器の保有ができないように世論で包囲していく必要があります。

　非戦・非武装の地球平和憲章を世界に広げることは、核による抑止などの軍事的な抑止は危険であることを訴えていくことにつながり、核兵器禁止条約の批准国を増やすことにもつながってきます。

⑶ 国際的な脱原発と地球憲章の運動

　脱原発についても次の章で詳しく触れますが、国際的には、原発を禁止する国際条約はありません。それどころか、IAEAは原子力開発を推進し、核兵器不拡散を定めたNPT条約でも核の平和利用は積極的に権利として認められています。1950年代に設立されたIAEAは、アイゼンハワー大統領の「Atoms for Peace」というスローガンとともに、世界に原子力発電を広めるために設立され、他方で他の国に核兵器を保持させない監視のシステムを完成させたのです。

　しかし、スリーマイル島、チェルノブイリ、福島の原発事故から明らかになった脱原発の必要性を、地球平和憲章を世界に広げる中で訴えていくことが必要です。世界にはまだ多くの原発推進国、容認国があります。原発によ

る放射能被害から私たちは免れることができず、平和に生きることができません。またイラクや北朝鮮の例からわかるように、原子力の開発は核兵器の開発にも結びつくのです。平和に生きる権利の実現をめざす地球憲章を世界に広げていく中で、このような国際社会を変えていきましょう。

5 平和に生きる権利の現段階

(1) 平和に生きる権利（平和的生存権）の果たしてきた役割

　憲法9条は、戦争をしないこと、軍隊を持たないことを国に義務付けていますが、それは何のためでしょうか。それは私たちが平和に生きることを保障するためです。核兵器や原発のない世界を求めるのも平和に生きるためです。

　そのことを権利とした平和に生きる権利（平和的生存権）は、私たちが軍事活動などにより平和に生きることが妨げられない権利です。これを実現する義務を負うのは国です。国は、人々が平和に生きることを妨げてはならず、またそれを実現する義務を負うのです。

　日本国憲法の前文には、「われらは、全世界の国民が、ひとしく恐怖と欠乏から免かれ、平和のうちに生存する権利を有することを確認する。」として、全世界の人々の平和に生きる権利をうたっています。

　日本では、戦後、自衛隊基地反対闘争、安保・米軍基地反対闘争の裁判闘争の中で、この平和に生きる権利が使われ、裁判でも使える権利だと裁判所も3度認めてきました（長沼自衛隊基地訴訟・札幌地裁判決、自衛隊イラク派兵違憲訴訟・名古屋高裁判決、岡山地裁判決）。この平和に生きる権利が憲法で明記されているのは、日本だけです。この平和に生きる権利も、憲法9条と同じく、世界的には非常に貴重な憲法の規定です。

　これは日本国民だけでなく、他国の国民の平和に生きる権利を保障するものでもあります。憲法前文で平和に生きる権利（平和的生存権）を有するのは「全世界の国民」と明記されています。これはアジア諸国に対する侵略と植民地化の反省に立った上での規定です。そのため平和に生きる権利は、自国の国民のみを保護するという偏狭な立場でなく、他国の国民をも保護する

という国際連帯にあふれる権利なのです。そのような意義がある平和に生きる権利を世界に広めて、世界の人々の実質的な権利としていく必要があります。

　国際社会や世界の市民運動も、国連で平和権が議論されるようになり、平和に生きる権利の重要性に気づいてきました。

　また、平和に生きる権利の「平和」は、単に戦争がない状態だけではありません。戦争の温床になる貧困・経済格差や差別なども平和の中に含まれます。憲法前文に「恐怖と欠乏から免かれ」平和のうちに生存する権利、と書かれているのもそのような意味です。

(2) 国際社会における安全保障観の転換と人間の安全保障

　90年代に冷戦の終結とともに、国連において国家の安全保障から転換した概念である「人間の安全保障」が提唱されました。

　冷戦時代は、東西両陣営に国家グループが分かれ、国家の安全を保持することが人々の安全を保障するものだという「国家の安全保障」観が、理論的にも実際的にも当然の考え方でした。しかし、冷戦の終結とともに、冷戦が終結したにもかかわらず、相変わらず飢餓や貧困や疫病、内戦で苦しむ人が絶えない現実を踏まえ、国家の体制の維持を最重要とする安全保障観は大きく転換を迫られます。国連で、「人間の安全保障」観が提唱され（1994年国連人間開発）、その後国連世界サミットや国連総会でも採択されました。

　人間の安全保障の中心的なテーマは、恐怖と欠乏からの自由の実現です。これは日本国憲法の平和に生きる権利（平和的生存権）の「恐怖と欠乏から免かれ」る権利と同じです。もともとは「恐怖と欠乏からの自由」は、ルーズベルト大統領が第二次世界大戦下の1941年に一般教書演説において表明した、民主主義の原則の4つの自由のうちの2つでした。その後、世界人権宣言や日本国憲法に明文で反映されたのです。そういう点では、日本国憲法の平和に生きる権利も歴史的に重要な意味をもっています。

　「人間の安全保障」や「平和に生きる権利」は、従来は平和や安全保障の問題は国家の専権で、国民が直接に口出しできないという前提を、平和や安全保障の問題は、国民や個人の視点からも捉え直さなければならないという

発想への転換をも意味しています。

　国連における「平和への権利」（2016）も、恐怖と欠乏の自由をより具体的に権利にしたものと言えます。

⑶ 国際社会における平和に生きる権利の取り組みの現段階

　70年代から80年代にかけて、冷戦の激化と第3世界の台頭とともに、平和を求める声が大きくなりました。また、1960年代から植民地諸国が独立して、国連の構成も第三世界の各国の比重が高くなりました。このような背景の下、1978年と1984年に国連総会決議で平和への権利（平和権、right to peace）が採択されました。この当時は、個人の権利というよりも、植民地諸国が独立してきて、民族自決権と結びついた集団（人民）の権利としての意味合いが強かったのです。

　2000年代に、イラク戦争が起こり、国連憲章だけでは戦争は食い止められないという背景から、NGOが平和を人権として国際法典に確立させるキャンペーンを開始しました。その成果を国連に提出して、2008年から国連人権理事会を舞台に法典化に向けた審議が展開されてきました。約8年間の審議の末、2016年には、国連総会で平和への権利国連宣言が採択されました。その条文の第1条には「すべての人は平和を享受する権利がある」とされています。

　日本国憲法の平和に生きる権利ほど具体的な規定ではありませんが、その実質を兼ねそなえた権利です。採択される前の草案段階では、平和に生きる権利や、軍縮の権利、良心的兵役拒否の権利も入っていました。今後採択された権利をさらに具体化することが求められています。

⑷ 国際社会における日本の平和的生存権の役割

　国連の平和への権利の審議の中でも、各国の実例として日本国憲法の平和に生きる権利（平和的生存権）が主張されてきました。いくつかの国やNGOも「平和に生きる権利（right to live in peace）」という形で、取り入れることを主張しました。

　日本においては、自衛隊の9条違反が問われた長沼訴訟（札幌地裁）や自

衛隊のイラク派兵の９条違反が問われたイラク派兵訴訟（名古屋高裁、岡山地裁）などでは、裁判上でも平和に生きる権利が使われ、それらの中で、裁判所はその権利を法的権利だと認めてきました。そこでは、憲法前文に書いてある権利であるけれども、裁判でも用いることのできる権利と認められたのです。安保法制違憲訴訟や各地の米軍基地訴訟でも平和に生きる権利が侵害されているとして主張されています。

　長沼訴訟では、自衛隊の基地を作るために防災用の森林をなくしたことについて、自衛隊の憲法９条違反と訴える利益としての平和的生存権違反が問われました。一審の札幌地裁の判決では、自衛隊基地により敵から攻撃を受ける恐れがあり、その点で住民の平和的生存権が侵害されると判断しました。

　また、自衛隊のイラク派兵の９条違反が問われたイラク派兵訴訟（名古屋高裁）では、イラク戦争に参加した自衛隊が、他国の兵士を輸送する業務に参加したことが、９条の武力の行使に当たるとしたとともに、戦争行為へ加担させられた市民にとって、戦争行為への加担を強制されない権利としての平和的生存権の侵害の可能性を肯定しました。また、同じイラク派兵訴訟（岡山地裁）では、平和に生きる権利は、徴兵拒絶権、良心的兵役拒絶権、軍需労働拒絶権などの自由権的基本権としても存在するとされました。

　このように権利として憲法に書かれているだけでなく、実際に長年にわたり裁判でも人権として使われてきた平和に生きる権利（平和的生存権）は、世界的にみても先進的な例として日本が発信して、広めていく必要性あります。

　2000年代に入って、韓国の米軍基地訴訟や、コスタリカの原発違憲訴訟などでも平和に生きる権利が判例上認められてきました。韓国においては、米軍基地がピョンテク（平澤）に移転することの是非が問われた裁判で、基地周辺の住民の平和に生きる権利が侵害されるとされました。コスタリカにおいては、原発の製造を可能にする政令の平和憲法違反が問われた裁判で、コスタリカの平和への権利にも反するとされました。南米のボリビアでは、憲法に平和への権利が書き込まれました。平和への権利も９条と同じく、世界に広がっていく可能性を秘めているのです。

⑸ 平和への権利（国連宣言）のこれから

　これから国連などにおいてさらに権利の具体化や国際条約まで進むかどう
かは、今後の世界の市民社会や賛成国の運動にもかかっています。国連で
2016 年に平和への権利宣言が採択された時には、スペインと日本などの国
際 NGO の活躍がありました。NGO が平和への権利宣言草案を作って、国
連に持ち込んだのです。

　その中でも特に日本の NGO は、憲法でも裁判でも実際の実施例を持っ
た国の NGO として今後も大いに活躍が求められています。平和に生きる
権利の実現を目的とする地球平和憲章を世界に広げていく運動も、その大き
な一翼を担っているのです。

（笹本 潤）

第3章　核兵器禁止と原発ゼロの実現を

1　核兵器の禁止──核兵器は人類と共存できない

(1) 核戦争と核実験のおぞましさ

　前章にあるように、非戦、非武装の日本国憲法からすれば、核兵器を持たないのは当然です。広島・長崎の、原爆による熱風と放射能の被害は想像を絶する凄まじさでした。町は焦土と化し、20万と10万の命を奪い、放射能に苦しむ人はあとを絶ちません。それは勝つための手段を超えた、人道に背く残虐兵器でした。ヒロシマ、ナガサキを体験し、そのおぞましさを知った我が国の国民の願いが9条に結実したといえるのです。9条のアイデアをマッカーサーに提言した幣原喜重郎首相を促したものも、原爆戦争は人類を滅ぼすという危機意識でした。国連総会の決議第一号も核兵器の完全排除（total elimination of Nuclear Weapons）でした。

　しかし核保有国は核実験を繰り返し、ネバダやセミパラチンスクの実験場周辺はもとより、南太平洋のミクロネシアなどの島々にも汚染が拡がっていきます。

　ビキニの水爆実験（1954）では日本のマグロ漁船が被曝しました。このことがきっかけとなって、広島・長崎の被爆者達も起ち上がり、原水爆禁止の運動が全国にひろがり、国際的にもラッセル・アインシュタイン声明からパグウォッシュ会議へと反核の大きな流れが創られていきます。ムルロア環礁でのフランスの核実験（1995）に対しては、海洋探検家のJ.Y.クストーが環境汚染を訴えて声を挙げ、親友だったシラク大統領を激しく批判します。

　国連でも、核実験の禁止条約（1963部分的、96包括的）が成立、核拡散禁止条約も成立（1968）し、この流れのなかで、核兵器禁止条約が成立（2017）し発効（2021）したのです。平和のために核抑止力は必要だとする考え方も、この国際条約によって否定されたのです。核保有国の核廃絶への道をどう開いていくかが課題であり、被爆国日本、非核3原則を持つ日本

への期待も大きく、核の傘下にある日本への期待と不安も大きいのです。

(2) 核抑止力の幻想

　現代の国際政治は厳しい緊張の中で核の抑止力によって、辛くも戦争のない状態（冷戦）が保たれているとする理論ないし理解があります。最初、米国一国だけが核を保有しているときは、刃向かえば核が怖いぞと脅威感を与えることで戦争が抑止されると考えました。ヒロシマ、ナガサキの原爆はソ連に対する威嚇でもありました。次の、核の独占が不可能になった段階では、保有国双方の核が相手の核の使用を抑制していると考えます（米・ソ・中、インド・パキスタン）。核軍縮が進まないのも核保有国が核抑止力にこだわる理由です。しかし上位に立つための核開発競争も必然です。偶発戦争の危険は絶えません。核を持たない国は密かに実験をし、核を持とうとします。

　北朝鮮は核をもって、核の脅しに対抗しようとしているのです。核を持たない国が核保有国を同盟国として、その「核の傘」に安全性を委ねている国も核の抑止力を頼りにしているのだといいます（日米同盟）。しかしその同盟国関係は核保有国への従属的関係であることも明らかです。

　核の傘に入るということは軍事同盟を結ぶということであり、軍事同盟とは味方の敵は敵だということであり、自ら敵をつくり、敵からの攻撃目標であることを敵に曝すことにほかならないのです（例えば米朝緊張関係のなかでの日朝関係）。

　核を持たない国の間の緊張、地域的紛争は絶え間ない情況ですが、核大国の政治的、軍事的介入を招くことで返って長期化し、大国間の代理戦争的関係になり、それはまた、核戦争前夜の危機にあることを意味しているのです。

　核のボタンが国家の中枢の一人に握られていて、それを押す権利が委ねられている時、その事態こそが危険きわまりないのです。トルーマン大統領はそのボタンを押したのですし、トランプ大統領はそれを握っていたのです。金正恩委員長もそうです。

　第１章でもふれた、アインシュタインの苦悩と慚愧は、ナチが核を持つことを恐れ、核の抑止力に賭けて、ルーズベルト大統領にナチに先んじての核開発を進言し、抑止力として、使ってはならない筈の核が実際に使われ、

ヒロシマを廃墟と化したことでした。その意味でアインシュタインは核抑止論の誤りを身をもって体験し、核廃絶運動を呼びかけた先駆者といえます。

いまも米朝首脳は双方が核の抑止力を信じています。それ故に核の小型化、潜水艦からの発射技術の開発、それを阻止するミサイル開発と、開発競争は止まらず、宇宙戦争も視野に入れ、それ故に軍事費の増大と戦争の危機に歯止めはないのです。

抑止力論と軍備拡張論は一体のものであり、自衛のための抑止力論と軍拡による［平和への準備］（安倍首相の積極的平和論もその一つ）、これこそが現代の戦争論ですが、それはまた、敵に先制攻撃をさせない戦略から、攻撃されたからという虚偽ニュースを口実に、仕返しをする戦争論、実は隠された先制攻撃論に転化してくるのです。

さらに、現代では攻撃がなくても攻撃されるに違いないと判断した場合には敵基地の攻撃も可能だという議論まで出ているのです。「抑止のための敵基地攻撃」という名の先制攻撃。他人事ではないのです。安倍政権が最後に菅政権に託した課題なのです。抑止論は軍拡競争を伴い、そのさきには敵基地先制攻撃論が待っていることを、9条を持つ日本で、目前にしているのです。米国の核の先制不使用宣言などありえない（あってはならない）というのが、日本政府の立場なのです。

一国の防衛のために、集団的自衛の名のもとで、軍事同盟を結べば、抑止力としての防衛力も増してくる。これは日米安保法体制の強化の口実ですが、その先に、中国に対抗するために米英豪ニュージーランドの軍事同盟を強化し、そこに日本も組み入れようという動きがある。インド太平洋構想もこれに重なるのです。アメリカのバイデン政権の下でも、米日豪印の4カ国の結束をQUADという形で固め、米日、米韓の同盟を2＋2会議で強化し、中国包囲網を強化していき、アメリカ＋同盟国と中国との対立が大きくなっています。核抑止にこだわる米朝関係はどうなるのでしょうか。

非同盟のASEANがどう動くのか。ASEAN諸国に日本も中国も韓国も参加するRCEP（アジア地域包括的経済連携）は、アジアの平和の焦点となってきているのです。

それに重ねて北東アジア非核地帯条約の課題があります。そこでは朝鮮南

北を軸に、日・米・中・ロの重層的平和構築が求められているのです。各国市民の国際的運動も不可欠です。

(3) 核抑止力で戦争は防げたのか

　核には戦争抑止の特別な抑止力があるのでしょうか。

　核兵器の出現は戦争の様相を一変させました。ヒロシマ、ナガサキの惨状は想像を絶するものでした。国連の総会決議の第一号が核兵器の禁止であったことは納得出来ることです。

　しかし、米ソ対立という現実の国際政治のなかで核抑止論は特別な意味をもって登場してくることになります。核には核をもって対抗し、その抑止力バランスの上に辛くも平和が保たれてきたように見えます。しかしこれを、核が戦争を抑制してきたと言ってよいのでしょうか。キューバ危機も米朝危機も一触即発の危機でした。核戦争はなかったが、各地の紛争と大国の介入（例えばアフガニスタンへのソ連、イラクなどへのアメリカ）は絶えず、核に紛争抑止の力はありませんでした。しかも核のボタンはときに狂気と化す指導者に握られていたのです。

　さらに核大国にとっても核軍拡は国民経済を圧迫し、国家機密は自由を抑圧します。ソ連の崩壊の一因がそこにあったことは間違いないでしょう。軍需費の拡大には限界があります。自国の軍需費を減らして、核の傘にある同盟国に軍備拡大を求めたのがトランプ政治でした。それは自国に溢れる武器を買わせる政策であり、日本政府の爆買いがそれでした。

　そのためには隣国間の緊張を高めねばならない。中国や北朝鮮の脅威の過剰報道は不可欠であり、フェイクニュースも辞さず、言論統制も必定ということになるのです。

　核の傘下にある国は核抑止力の恩恵に浴しているかに見えて、その実は敵対する仮想国の攻撃の対象となる危険な状態に自分をおくことになるのです。日本は安保条約のもと、アメリカの核の傘のもとにあり、在日米軍基地はアメリカと敵対する北朝鮮の攻撃の対象になるのです。日本の原発も格好の攻撃対象になるのです。敵基地の先制攻撃論が浮上する理由の１つでもあります。それは安全保障には逆行する現実離れの暴論ですが、防衛予算獲得の口

実になっているのは確かです。しかも、コロナ禍の下での予算編成では、許されないことです。

　まとめて言えば、核兵器は抑止には役立たず、核軍拡競争を誘導し、核を持とうとする国を増やす誘因となっているという事実、さらに偶発戦争を含む戦争の危機を増大させていることこそ直視すべきだということです。

⑷ 核兵器禁止条約の成立・発効の人類史的意義

　日本が、そして人類がヒロシマ・ナガサキを体験し、成立したばかりの国連総会で核兵器の排除決議（1946.1.24）が出されてから75年を経て、2021年1月22日に核兵器禁止条約が発効しました。長いプロセスを経ての、人類の平和への道を切り開く歴史的な、人類史的とも言うべき快挙でした。被爆者の運動や、ICANの若者たちの国際的運動の結実でもありました。私たちの会も同日、声明を出し、「広島・長崎のヒバクシャがあげた苦痛の声から始まり、ウラン採掘や核実験、原発被害者等によって世界中に生まれたヒバクシャの声が、ついにそれを実現したのです。（中略）私たちは、今後さらに原発も含めた『核のない世界』『核も戦争もない世界』という人類の大きな夢の実現へと向かいましょう。」と書いています（巻末の資料参照）。

　国連での採決で禁止条約を承認した国は122カ国（2017.7）であり、批准国が50（2020.10）を超えて、条約は発効しました。批准した国には核実験の被害にあった太平洋上の島国も含まれています。

　条約は核兵器がもたらす、人間性と人間を取り巻く環境そのものに対する破局的で永続的な被害の実相を正面から捉え、それを「人類への害悪」としてその「廃絶」の道筋を示し、核兵器の「使用」はもちろん「使用すること威嚇すること」もさらに「開発、実験、生産、製造、取得、保有、貯蔵」も、そしてさらに「それらの行為への直接・間接の援助」も全て禁止しているのです。核兵器は「人類への害悪」として「廃絶」を課題に据え、その道筋が示されているのです。

　争点の１つは核抑止論の是非にありました。そして、核抑止批判論が条約になったことの意義は大きいのです。国際条約によって、つまりは国際法によって核抑止力論は否定され、核で威圧することも人道に反することを明示

したのです。

　この歴史的な条約の批准はまだ 54 カ国（2021.4 現在）ですが、もっと広げるために、平和を愛する世界の人々とともに力を尽くさねばなりません。さまざまなグループや地域や国での、国を超えての運動が拡がっています。

　核保有を合法化している核不拡散条約（NPT 条約）の締約国が 191 カ国であることに比べると、核兵器禁止条約の普及はまだ始まったばかりといえます。核兵器保有国は加入せず、条約に反対しています。そして核保有国は、核の抑止力に意味があるという主張を変えていません。しかし、NPT 条約は核の不拡散だけでなく核保有国の核軍縮を求めており（第 6 条）、2000 年の第 6 回再検討会議では、核兵器完全廃棄への明確な約束がなされているのです。昨年コロナのために延期された NPT 再検討会議がこの 8 月に開かれる予定です。核保有国には核先制不使用宣言と共に核の全面削減へむけての努力が求められるはずです。それは核兵器禁止条約への道を拓くことでもあるのです。

　私たちの会が、核兵器禁止条約の普及に取り組み、非戦・非武装という軍事力による抑止に正面から反対する「地球平和憲章」を国際的に普及していくことは、核兵器禁止条約を核保有国や核の傘に入っている国に広げていく上でも、力になっていくのだと思っています。

　今後の課題は核の傘にある国、とりわけ、唯一の戦争被爆国日本の動向にあり、核なき世界を「人類共通のゴール」と認める日本政府が「橋渡し」の役割をいうのなら、まず自ら渡ること、すくなくとも渡る意思を示すこと以外にない。条約反対をいうことなどあり得ないはずなのです。

　平和のためには平和への努力を！　主権者国民の意思で！

　非核の政府を創ることこそ私たちの当面の課題です。

　その先には非戦、非武装、非暴力、全ての人の平和に生きる世界への課題が見えています。

　地球平和憲章の出番です。

（堀尾輝久）

2 「原発ゼロ」の実現を――原発もまた人類と共存できない

⑴ 原子力（核）の「軍事利用」と「平和利用」
「原子力」「核」「nuclear」

　日本語の「原子力」も「核」も接頭語としては英語の nuclear の訳語です。しかし、一般には「核」といえば、核兵器、すなわち主として原水爆を意味しています。「反核」運動も、「反核兵器」「核実験反対」「原水爆反対」「原水爆禁止」運動を意味してきました。その一方で、「原子力発電」も「核発電」であるにもかかわらず、ごく一部を除いてそうは呼ばれず、多くは省略形で「原発」と呼ばれ、核兵器とは明らかに区別されてきました。2011 年の東京電力福島第一原子力発電所の過酷事故によって湧き起こった市民運動も、「反核発」運動とは呼ばれず、今に至るまで「反原発」ないしは「脱原発」運動と呼ばれてきました。

　それはなぜだったのでしょうか。

　第二次世界大戦中に、米国が「原子力（核）の軍事利用」である原爆の開発・製造に最初に成功し、非道にも広島・長崎に投下しました。しかし、それによって引き起こされた人類史的な惨劇の後に、皮肉にも内外で「原子力の平和利用」としての原発への期待と幻想がかえって拡大されてしまったのです。

　実は、原爆の開発以前から、核エネルギーは石炭や石油をはるかに上回る次世代のスーパー夢のエネルギーだとする、「平和利用」への大きな期待と幻想が広く生まれていたのです。そして、第二次大戦後、医学などの民生利用を除いて原子力発電＝原発こそがその「原子力の平和利用」だとして大宣伝され、世界中で広く受け入れられてきてしまったのです。

　米国政府と軍部は、日本がもはや降伏寸前であることを知りながら、非道にも開発したばかりの原爆を敢えて広島と長崎に投下しました。それは、始まったソ連との冷戦や天文学的な開発投資への考慮など、およそ非人道的な外交的・軍事的・財政的思惑からでした。したがって、米国政府が戦後にアイゼンハワー大統領を先頭に「原発」を「原子力の平和利用」だとして大宣伝、開発したのは、広島と長崎への原爆投下という人類史的な戦争犯罪への

非難をかわす意図も当然あったはずです。

原水爆は許せないが「原子力の平和利用」は素晴らしいという世論

　しかし、当の許しがたい原爆攻撃を受けた日本の広島・長崎においてさえ、原爆は絶対に許せないが「原子力の平和利用」は素晴らしいという世論が、文字通り老若男女から湧き起こってしまったのです。

　著名な教育学者だった長田新（1887〜1961）が編集・刊行して大ベストセラーとなり、国内外で衝撃と感動を呼んだ『原爆の子』（1951）の序文で、長田はこう書いていました。「原子力エネルギーは、一方では人類を破滅に導くほどの恐るべき破壊力をもってはいるが、一度それを平和産業に応用…動力源とすれば驚くべき力を発揮し得る」「人類文化の一段と飛躍的な発展をもたらすことは疑う余地がない」。そして、こう書いていたのです。「人類史上最大の悲劇と惨禍とを、身をもって体験した広島の少年少女たちこそ、このことを全世界に訴える十分の権利と義務とを持っている」と。

　一方、長崎でも原爆投下後の惨状の中で、妻を亡くし、幼い子ども二人を抱えながら、懸命の救護活動に当たり、自らも放射線障害で6年後に亡くなった医学博士の永井隆（1908〜1951）が、『原子爆弾救護報告書』でこう書き残していたのです。「原子爆弾の原理を利用し、これを動力源として、文化に貢献出来る如く更に一層の研究を進めたい。転禍為福（禍転じて福と為す）。世界の文明形態は原子エネルギーの利用により一変するにきまっている。そうして新しい幸福な世界が作られるならば、多数犠牲者の霊も亦慰められるであろう」と。

　広島・長崎の被爆者として原爆は絶対に許せないが、被爆者だからこそ「原子力の平和利用」を「全世界に訴える十分の権利と義務を持っている」という論理は、1950年代半ばから日本は「唯一の被爆国」だからこそ「原爆反対」をという論理に拡大される一方、他方では「原子力の平和利用」＝原発推進という国策スローガンに吸収されてもいったのでした。

　1954年のビキニ環礁で米国が行った水爆実験で第五福竜丸が被曝し、久保山愛吉さんが亡くなった事件を機に、画期的な「原水爆禁止」運動が日本全国の無数の市民を巻き込んで展開される一方、実はその先頭に立った社会

党や共産党、理論物理学者たちも含めて原発（原子力の平和利用）には賛成していたのです。

　そうした動きをも巧みに利用しながら、「原水爆禁止」にはむしろ反対だった政府・自民党、無関心だった電力業界などが国策としての原発の導入・開発に成功していきました。

(2) 原発開発の目的は「原子力の平和利用」だったのか？

　ところで、原発の開発は最初から本当に「原子力の平和利用」を目的にしたものだったのでしょうか？

　実は、そうではありませんでした。原発は、誕生から現在に至るまで技術的にはもちろんのこと、政治的にも核兵器とは切っても切れない関係にあったのです。何よりも、核兵器（原水爆）の主な原料であるプルトニウムを作るために「原発用原子炉」が極めて有用なのです。したがって、米ソを先頭に大国が国家主導で採算を度外視してまでも原発開発に大量の投資をしたのは、電力よりも核兵器の保有が本当の目的だったのです。そして、1950年代から日本政府が電力企業を中心に財界、新聞社などを巻き込んで原発開発に動いたのも、実は同じ目的だったのです。

核兵器開発の野望を覆い隠す「原子力の平和利用」のことさらな強調

　各国で、特に日本ではそうした軍事的野望を覆い隠すために、「原子力の平和利用」がことさらに強調され、世論形成に利用されたのでした。ちなみに、日本では福島原発事故で誰の目にも明らかになった、あの巨大で極めて危険な原発用「核反応装置（nuclear reactor）」が「原子炉」と訳されてきたことで、小さくて牧歌的な「炉」のイメージが生まれてきましたが、恐らくこれも偶然ではないでしょう。

　現実には、原発用「原子炉」を稼働すれば生まれるのは電力だけではありません。同時に必ず核兵器の原料となる猛毒のプルトニウムが、その他の処理不可能な大量の核廃棄物と共に生まれるのです。そして、現在、日本には原爆約6000発分に相当する45トン以上のプルトニウムが蓄積されています。

　1969年に佐藤栄作首相の指示により作られたという外務省の内部資料

『わが国の外交政策大綱』(2010 年公開) には、「当面核兵器は保有しない政策をとるが、核兵器製造の経済的・技術的ポテンシャルは常に保持するとともにこれに対する掣肘を受けないよう配慮する」と、許しがたい軍事的野望が明記されていたのです。1992 年には、外務省幹部が「プルトニウムの蓄積と、ミサイルに転用できるロケット技術は開発しておかなければならない」と語ったことも報じられました。

(3) 核と人類は共存できない

しかし、残念ながら日本では米国のスリーマイル島の原発事故 (1979)、ソ連のチェルノブイリ原発事故 (1986) の後も、2011 年に福島原発事故が起きるまでは、核発電＝原発が核兵器と同様に人類とは共存できないという思想が、民主的な反核平和運動を進める人びとや市民団体、政党などでも広く共有されるには至りませんでした。

1970 年代半ばに「核絶対否定」の思想

広島の被爆者で「核と人類は共存できない」という思想を日本で最も早く確立、提唱した哲学者の森瀧市郎 (1901 ~ 1994) も、当初はそれを「核兵器絶対否定」の意味で主張していました。しかし、内外の原発の実態を知った森瀧は、1970 年代半ばには原発も含めた「核絶対否定」の思想に到達していたのです。

被爆 30 周年の 1975 年の原水禁大会における基調演説で、ついに森瀧は過去の反省とともに、こうきっぱりと訴えました。「私たちの運動は広島・長崎の体験から『核兵器絶対否定』の運動として起こりました。…初期の段階では私たちも核エネルギーの平和利用のバラ色の未来を夢みました。しかし、今日世界で殆んど共通に起こってきました認識は、平和利用という名の核エネルギー利用が…軍事利用と同様に人類の未来を失わせるものではないかということであります。」「核は軍事利用であれ平和利用であれ、地球上の人類の生存を否定するものである…結局、核と人類は共存できない…。…人間が核を否定するか、核が人間を否定するか…。…核兵器を絶対に否定してきた私たちは、平和利用をも否定せざるをえない核時代に突入しているので

あります。…『平和利用』ということばにまどわされて『核絶対否定』をためらっていたら、やがて核に否定されるでありましょう。」

取り返し不可能な破局的事故の可能性の警告

　しかし、原水禁運動は 60 年代からすでにソ連の核実験や「部分的核実験禁止条約」などの評価をめぐる社会党と共産党の深刻な対立から分裂、混乱し、今日から見れば極めて先見的な森瀧のこの主張は原水禁運動全体では共有されず、多くの国民に共有されることもなかったのです。

　森瀧のこの主張を受け継ぎ、長期の実証的な調査・研究に基づいて反原発市民運動のいわば頭脳になったのは、市民科学者の高木仁三郎（1938 ～ 2000）でした。高木はその早すぎる死の前年に、こう書き残しています。「原子力には、放射能の生命と生態系への危険性、とりわけ原発の巨大事故のリスクの問題がある。巨大科学技術システムが共通に負っている、決してゼロにはできない破局的事故の可能性、それに絡むヒューマンエラーの可能性の問題が、原子力には凝縮した形で存在している。一度でも起これば、取り返し不可能な影響を全地上の生命に与え得るような事故の可能性」「100 万分の 1 の確率の、その 1 が明日日起こるかも知れない…しかも、大事故の確率が 100 万分の 1 なのか、 1 万分の 1 なのかについても、大きな不確かさがある。」「要するに、原子力は 20 世紀的な巨大テクノロジーの一番象徴的なものだろう。それに夢がかけられた時代もあったが、今はその負の遺産をどう克服して 21 世紀へと向かうかが、世界の主要な関心だろう。」

⑷ 福島第一原発事故と「原子力（核）の平和利用」神話の崩壊
2011 年、福島第一原発で破局的な事故が現実に

　高木の警告からわずか 12 年後の 2011 年、21 世紀を迎えて間もない日本で未曽有の東日本大震災と共に東京電力福島第一原発の破局的な事故が現実となってしまったのです。

　3 基の「原子炉」のメルトダウン・破損・爆発によって、膨大な量の高濃度の放射性物質が大気中に放出され、福島県の浜通り・中通りを中心に、隣接県を越えて東日本の広大な農地・居住地・山林・河川・海洋にふりそそぎ、

数十万の人びとの暮らしと生業・学業を故郷もろとも一瞬に奪い、今もなお奪い続けています。特に、原発周辺の近隣地域に元の人の生活や里山が戻ることは、何世代にもわたって、もしかしたら半永久的に不可能でしょう。

廃炉作業が困難を極める第一原発では、最近も労働者が1時間もそばにいれば死に至る高濃度の放射能汚染が発見され、工程のさらなる見直しが迫られたばかりです。もっとも厄介な溶融燃料（デブリ）の性質や量、その在処^{ありか}さえも未だに分からず、取り出す技術も確立されていません。事故後30～40年先とされた廃炉完了予定の、さらに大幅な延長は避けられないのです。

こうした過酷な環境で廃炉作業に当たる、多くの労働者の健康被害も避けられません。廃炉途中での大震災、津波や近年極度に大型化しつつある台風の直撃などによって、再度の破局的大事故が起きない保証も何もありません。

また、冷却のために増え続ける一方のタンクに仮貯蔵された放射能汚染水を、政府と東電は海水で薄めるだけで太平洋に放出しようとしています。これは福島の漁業者への死活的な打撃となるのはもちろんのこと、すでに事故で汚染した太平洋を再び膨大な量のトリチウムやその他の放射能で汚染する、許しがたい国際的な暴挙以外の何物でもありません。

原発がある限り破局的な原発事故はいずれまた

原発がある限り、日本でも世界でもこうした破局的な原発事故がいずれまた避けがたく起きるでしょう。それは、人間と自然（地球環境）に対する許しがたい暴力と言わざるを得ません。加えて、オーストラリアや北米の先住民居住区でのウランの採掘に伴う、深刻な人間と大地の放射能汚染。ウランの精製の過程と発電によって生じる、プルトニウムはもちろんのこと、安全な処理も埋蔵の方法も場所もないまま増え続ける一方の危険極まりない膨大な核廃棄物。これらもまた、人間と自然に対する許しがたい暴力だと言わざるを得ません。

改めて確認し、共に声を上げましょう。

「原子力（核）の平和利用」とは神話だった。

もはや人類は核兵器とも原発とも、核との共存はできない、と。

（目良誠二郎）

第4章　現代における「非暴力主義」の必然性と有効性
——非暴力によって平和な非暴力の世界の実現を

　周知のように、1947年に施行された日本国憲法は基本的人権を「人類の多年にわたる自由獲得の努力の成果であって、これらの権利は、過去幾多の試錬に堪へ、現在及び将来の国民に対し、侵すことのできない永久の権利として信託されたもの」（97条）と規定しています。翌1948年に国連総会で採択された「世界人権宣言」も、「人類社会のすべての構成員の固有の尊厳と平等で譲ることのできない権利とを承認することは、世界における自由、正義及び平和の基礎である」という書き出しで始まります。

　したがって、私たち日本人はもちろんのこと、将来世代も含めたこの地球上のすべての人びとが基本的人権を「地球市民」として生まれながらに持っているのです。

　私たち「9条地球憲章の会」は、その基本的人権の21世紀における現代的核心を、「持続可能な地球環境の下で尊厳をもって平和に生きる権利」だと考えます。

　そのうえで、その崇高な権利の実現を歪め、阻んでいる戦争をはじめとする人間と自然（地球環境）に対するあらゆる暴力とたたかい、克服することを目指そうとしているのです。

　しかも、それらの暴力とのたたかいは一切の暴力を排し、徹底した非暴力によるものであるべきだと考えているのです。

1　人間と地球環境へのさまざまな暴力

　言うまでもなく、人間による人間への最大の暴力は戦争です。その中でも核戦争は人類の滅亡にさえつながる究極の暴力です。しかも、戦争は自然（人類以外の生命の生態系を含む地球環境）を破壊する巨大な暴力でもあり、

核戦争は地球環境全体を破壊しかねない究極の暴力であることは明白です。

　そして、こうした戦争や核戦争を武力や核兵器による威嚇や行使でなくすことなどできないことも、これまでの人類の歴史によって明らかだからです。「平和のための戦争」や「戦争をなくすための戦争」というのは、意図的なプロパガンダか幻想にすぎませんでした。戦争による武力や核兵器による威嚇や行使で実現できるのは、次の戦争や核戦争までの束の間の「平和」であって、決して「恒久平和」ではありません。もし核戦争が全面核戦争になってしまえば、一時的な平和を得られるどころか人類が滅亡しかねないのです。

　さらに、「原子力の平和利用」と称される政策の中心に置かれてきた原発（原子力＝核発電）もまた、前章ですでに述べたように、避けがたい過酷事故による人間と環境への深刻な放射能被害と汚染はもちろんのこと、ウランの採掘、精製の過程と発電後や核事故によって生じるプルトニウムや危険極まりない膨大な核廃棄物の、安全な処理方法も数十万年にも及ぶ貯蔵方法も基本的にありません。その意味では、原発もまた人間と自然に対する許しがたい暴力だと言わざるを得ません。もちろん、この暴力をも暴力でなくすことはできないのです。

　たしかに、人間は生きるためには他の動物や植物の命を奪わざるを得ません。しかし、たとえばアイヌなどの世界中の先住民は、野生動物や家畜、魚介類、作物、木の実、さらに鉱物資源などを決して自分たちの生活に必要以上には捕獲・屠殺したり、収穫・掘削したりはせず、しかも常に他の生命や大地と自然への感謝の気持ちをもってそうしてきました。

　また、個々の人間が不当な暴力によって他人や動物から生命の危険にさらされた極限的な状況では、可能な物理的手段で反撃、抵抗することはあるでしょう。

　しかし、これらはすべて生命を維持するためには避けられない正当な行為として不当な暴力とはみなされません。

　そして、いつの時代においても、人類の大多数は通常の日常生活において、多少の喧嘩や怒りに駆られることなどはあるにせよ、他人やまして身内に対して暴言を含めた残酷な暴力を振るうことなどを良しとはしてきませんでし

た。

　戦争を含めた他の人間たちに対する残酷な暴力の行使は、人類の定住以降に成立した国家、階級支配、身分制や家父長制の下で初めて生まれたのです。

　また、自分や家族の生命と生活の維持に必要なものを超えて、野生動物や家畜、魚介類、作物、木の実、鉱物資源などを大量に殺傷・屠殺し、収穫・掘削することも、商品・貨幣経済の拡大、特に資本主義社会の誕生によって拡大し、現在の資本主義のグローバル化によってその極限にまで達してしまいました。

　その中で、人間と自然への暴力もまた急激に拡大し、特に破滅的な核戦争と原発事故の危険性、テロと対テロ戦争・内戦、性暴力、飢餓と貧困の飛躍的増大、地球規模の不可逆的な気候危機の待ったなしの深刻化、人びとの分断と憎悪の連鎖の拡大、そして新型コロナウイルスによるパンデミックなどが頻発しているのです。

　しかし、そうであればあるほど世界中の人びとの中に、こうした人間と自然への許しがたい暴力への反発と抵抗も拡大しています。そのことによって今や「非暴力主義」は、古来の宗教上の信仰や個人的な良心に基づく倫理や行動から、地球市民としての社会的・政治的・文化的・倫理的な行動原理としての「非暴力主義」に深化・発展しているのです。

　では、その「非暴力主義」の歴史を簡単に振り返ってみましょう。

2　近現代における非暴力主義の歩み

⑴ 武力による「抵抗権」と「革命権」

　よく知られているように、米国「独立宣言」(1776) は、人民（people）の「生命、自由、そして幸福の追求」という（天賦の）権利を実現するために政府があるのであって、もしその目的に反して政府が人民に圧政を強いるならば、そのような政府に武力で抵抗し、さらに打倒して新たな政府を樹立するための「抵抗権」「革命権」を認め、そのために人民の「武装権」をも認めていました。現在の米国でそれが単に乱脈な銃保有の権利に堕して、深刻な「銃社会」を生み出してしまっているのは、歴史の皮肉です。

日本でも、この米国「独立宣言」に学んだ明治初期の秀れた自由民権家の植木枝盛が起草した憲法案に、同様の「人民」の「兵器」による「抵抗権」「革命権」が列挙されていました。

　米国独立革命に続いたフランス革命や20世紀のロシア革命、中国革命などの近現代における大きな革命も、いわばこの武力による「抵抗権」「革命権」の行使としての「武力（暴力）革命」でした。また、特に第二次大戦後のアフリカやベトナムなどでは、植民地本国の武力支配に対する武力による「独立（民族解放）戦争」が戦われました。

　しかし、これらの革命や民族解放戦争によって生まれた国々では革命後に再び巨大な常備軍や秘密警察が生まれ、しばしば非道な植民地戦争や自国民の苛酷な弾圧を行うようになってしまいました。今や米国は世界最大の軍事大国となって、沖縄を筆頭に世界中に軍事基地を張り巡らし、第二次大戦後も絶えず戦争を繰り返しています。ロシアは、革命後に独裁者スターリンの下で多くの自国民を弾圧、殺戮する全体主義国家ソ連となり、第二次大戦後は東欧諸国を植民地に近い「衛星国」として支配し、20世紀の終わりに崩壊しました。中国もまた、建国後に独裁者毛沢東の下で多くの自国民を弾圧、迫害する全体主義国家となってしまいました。そして、現在、米国と覇権を争う軍事大国になっています。

　絶対王政や専制君主、植民地支配の過酷な暴力支配に抵抗し、解放されたはずの人民がまた暴力によって支配され、あるいは他国民を暴力で支配してしまうという、いわば「暴力の連鎖」をどうしたら克服できるのでしょうか。

⑵ ソローと非暴力による個人的な「市民的不服従（civil disobedience）」

　その一つの答となったのは、米国のヘンリー・ソロー（1817～1862）が初めて提起した非暴力による「市民的不服従」という画期的な思想と実践でした。

　「不服従」というのは、特定の法律や国家と上位権力者の政策・命令に対して服従を拒否するということですが、古来、そうした「不服従」は原始キリスト教徒や近代以降のプロテスタント信徒、近世日本のキリスト教徒などによっても行われてきました。現代においても、私生活や学校、クラブ活動、

職場などで親や教師、先輩、コーチ、上役などの理不尽な要求や命令に対して、自らの信念や良心に基づいてなされる「不服従」はあります。

　これに対して、ソローが提起、実践した「市民的不服従」は、単なる個人の信仰や良心からではなく、近代国家の主権者である市民の一人としての良心から政府の不当な政策・命令に従うことを拒否するという「不服従」でした。

　ソローは、当時の米国政府が残酷な黒人奴隷制を擁護していることに抗議して、南部の奴隷の逃亡を助ける非合法組織「地下鉄道」にも密かに協力していました。そこに始まったメキシコへの侵略戦争はその奴隷制度拡張のためだとして、戦費となる人頭税の納入を拒否して投獄されたのです。

　ソローは、その経緯についての講演録を後に『市民的不服従』と題して出版しました。しかし、ソローはその「市民的不服従」を広範な市民運動として呼びかけた訳ではありませんでした。それは、あくまで米国市民としてのソロー個人の良心に基づく「市民的不服従」だったのです。また、ソロー自身は非暴力によって「市民的不服従」を実行しましたが、信頼する同志だったジョン・ブラウンが黒人奴隷解放のために武装蜂起した際には、それを擁護しました。「非暴力」もまた、市民ソロー個人の良心に基づくものだったのでしょう。

⑶ ガンディーと非暴力による集団的な「市民的不服従」

　このソローの個人的な非暴力による「市民的不服従」の思想と実践を、徹底した非暴力による集団的な「市民的不服従」に高めて実践したのは、インドのガンディー（1869 ～ 1948）でした。

　ガンディーは英国に留学して弁護士となった後、南アフリカで計21年間働きました。そこで、白人至上主義の政府によるインド系住民に対する苛酷な人種差別に直面します。ガンディーは非暴力でそれとのたたかいを始め、捕らえられた獄中でソローの『市民的不服従』を読んで感激したのです。

　ガンディーはソローの思想にヒンドゥー教の古来の「非暴力思想」をも独創的に援用して、白人政府への徹底した非暴力による集団的な「市民的不服従」運動を開始したのです。

その中であるとき「あまりにも不当な暴力には時として暴力で反撃するのを認めるべきではないか」と問われたガンディーは、「目には目をでは全世界を盲目にするだけだ」と答えたと言われています。

　その後、インドに帰国したガンディーは、英国の植民地支配に苦しみ続けてきた広範なインド市民と共に、大規模で持続的な非暴力による集団的な「市民的不服従」運動を不屈に展開し、ついに英国からの独立を成功に導いたのでした。

　こうしてガンディーは巨大な政治的変革を非暴力で成功させましたが、実はガンディーにとって非暴力は変革の手段であると同時に、徹底した非暴力的な社会の建設という目的でもあったのです。しかし、独立後のインドはイスラム教のパキスタンとヒンドゥー教のインドに分裂し、互いに暴力で争うようになり、それを止めようとしたガンディーも暗殺されてしまい、その実現は未完のままに終わっています。

⑷ ナチス・ドイツやソ連の侵略・占領と北欧・東欧諸国民の非暴力による抵抗

　ところで、ガンディーのこうした非暴力による「市民的不服従」運動によって独立できたのは相手が英国だったからで、凶暴なヒトラーのナチス・ドイツやスターリンのソ連などが相手だったなら不可能だったという議論があります。

　たしかに、ナチス・ドイツに侵略・占領されたフランスでは、市民が主に武力による「レジスタンス」で抵抗しました。しかし、ノルウェーやデンマークでは、市民のストライキやサボタージュなどの非暴力による多様な「市民的不服従」で抵抗して、ナチス・ドイツに屈しなかったのです。

　1968 年には、「人間の顔をした社会主義」への民主的な改革を始めたチェコスロヴァキアに、ソ連軍を中核としたワルシャワ条約機構軍が戦車を先頭に侵攻しましたが、市民と政府が一体となって非暴力で抵抗し、屈しませんでした。

　1989 年には「ベルリンの壁」の劇的な崩壊に象徴される「東欧革命」が起きましたが、これもソ連の「衛星国」だった東欧諸国の市民の非暴力によ

る「市民的不服従」の抵抗で成し遂げられたものでした。

　ナチス・ドイツやソ連のような国家の侵略と抑圧に対してさえも、市民の非暴力による強固な抵抗と広範な「市民的不服従」によって勝利することが可能であることを、こうした歴史は事実で示してくれたのです。

(5) キング牧師と非暴力主義

　米国では、マーティン・ルーサー・キング牧師（1929 ～ 1968）がソローの非暴力による「市民的不服従」の思想と行動を受け継ぎ、ガンディーからも深く学んで発展させました。キング牧師は、1950 年代半ばから、黒人奴隷制廃止後も南部諸州を中心に続いていた残酷な黒人差別の撤廃を目指す「公民権運動」を非暴力で展開する先頭に立ったのです。

　「公民権運動」とは、「人種隔離法」という黒人差別の悪法には従わないという、良心的な白人をも巻き込んで実践された、まさに非暴力による大衆的な「市民的不服従」の運動でした。

　粘り強い運動が頂点に達したのは、公民権法成立と雇用に際しての人種差別撤廃を求めて 20 万人以上の黒人と白人が結集した、1963 年の「ワシントン大行進」でした。行進と集会の最後にリンカーン記念館の階段上の入り口に立ったキング牧師の、「私には夢がある。それは、いつの日か、私の 4 人の小さな子どもたちが、肌の色によってではなく、人格そのものによって評価される国になることだ」という演説は、不滅です。

　しかし、キング牧師はその後のベトナム戦争と黒人市民の貧困への抗議を非暴力で展開する中で暗殺され、未だにその不滅の夢は実現されていません。その米国で、今また警官による黒人市民の射殺事件の多発に抗議する「ブラック・ライブズ・マター」運動の高まりが全米で生まれています。ぜひこの運動がどこまでも非暴力を貫き、キング牧師の夢の実現に近づくことを期待して連帯しましょう。

3 日本における非暴力主義

⑴「無抵抗主義」から「非暴力による抵抗」へ

　「非暴力主義」は、古代から世界中で宗教的・個人的倫理としては存在してきました。その場合、イエスの「右の頰を打たれたら左の頰を差し出せ」の教えに代表されるように、「非暴力主義」はいわば「無抵抗主義」として捉えられてきたのです。日本でも戦前から戦後のある時期までは、ガンディーの思想と行動なども「無抵抗主義」として紹介され、多くは文字通りに理解されてきました。

　これに対して、早くからガンディーの思想と行動を非暴力による「抵抗」だと正しく理解し、共感した先駆者は柳宗悦（1889 ～ 1961）でした。柳は「複合の美」という独自の見地から、朝鮮やアイヌ、沖縄や国内各地の民衆的な工芸品の美を高く評価し、「民芸運動」の中心人物になりますが、第一次大戦時から反戦平和の立場に立ち、朝鮮やアイヌ、沖縄などの人びとへの支配と侮蔑に抗議し、人びとに非暴力で抵抗するよう呼びかけたのです。

　しかし、それはあくまでも文化的、宗教的なレベルの抵抗の主張にとどまり、ガンディーのように民衆に非暴力による大衆的な「市民的不服従」を呼びかけるものではありませんでした。

　戦後、米国に軍事植民地として占領・支配された沖縄と奄美では、文字通り「沖縄のガンジー」と称された阿波根昌鴻（あはごん・しょうこう、1901 ～ 2002）と「奄美のガンジー」と称された泉芳朗（いずみ・ほうろう、1905 ～ 1959）の二人が、米軍に対する徹底した非暴力による島ぐるみの大衆的な抵抗運動の先頭に立ちました。

　その結果、奄美諸島は日本への早期の復帰に成功しましたが、沖縄の人びとは今に至るまで苦難に満ちた抵抗を阿波根昌鴻亡き後も非暴力でたたかい続けています。

　特に奄美の人びとのこうした非暴力による抵抗の歴史は、本土の日本人には今に至るまでほとんど知られていません。また、沖縄の人びとの長期にわたる抵抗は知られていても、それが阿波根昌鴻の非暴力の思想と行動を受け

継ぐものだということもあまり知られていません。

(2) 非暴力主義の芽生えと暴力主義の台頭

　本土では、1960年代半ばからベトナム反戦の独自の市民運動を開始した小田実（1932〜2007）や鶴見俊輔（1922〜2015）などの「ベ平連（ベトナムに平和を！市民連合）」の人びとが、来日した米国の歴史家・市民運動家ハワード・ジン（1922〜2010）や非暴力主義市民運動家デイヴ・デリンジャー（1915〜2004）らからも学んで、非暴力主義の市民運動を先駆的に展開しました。

　しかし、一方では学生運動を中心に毛沢東やチェ・ゲバラの武力革命論に共鳴する「新左翼」の運動が、「ゲバ棒」や「投石」「火炎瓶」などで機動隊と衝突するようになり、「内ゲバ」と呼ばれたセクト同士の凄惨な殺し合いや、さらには過激化した一部が「赤軍派」と称して武力ゲリラ闘争と国内外でのハイジャックや無差別テロを繰り返して孤立し、自滅しました。

　一方、「新左翼」諸派のそうした暴力主義を厳しく批判した「旧左翼」の側も、「非暴力主義」の立場を思想的・実践的に明確にするまでには至りませんでした。

　そうした中で、戦後に広く展開された労働運動と学生運動、原水爆禁止運動や安保闘争、反戦運動は分裂などの困難に直面してきました。

(3) 福島原発事故を機とした市民運動の高揚と非暴力

　2011年の福島原発事故を機として、脱原発を求める大規模な市民運動が沸き起こり、その後の政府による秘密保護法、さらに違憲の戦争法制定の強行に反対する広範な市民運動へと続きました。

　その新たな市民運動の高揚の中で、デモや集会でのいわばキーワードの一つになったのが「非暴力」でした。それは、市民運動の中にかつてのような暴力と分断を持ち込ませず、権力による弾圧の口実をも与えずに、市民の誰でもが自由に参加できるようにするという点で、たしかな成果をあげてきました。

　そうした中で、脱原発や戦争法反対を政府に迫って国会周辺に集まった

10万人から20万人もの市民が、警察によって狭い歩道に押し込められて危険になった際、不当な規制を振り払っていっせいに車道に出て道路を占拠し、抗議行動を続けたことが何回かありました。沖縄では、辺野古の新たな米軍基地建設に抵抗する市民が建設現場の道路や海で抗議行動を長期にわたって展開してきました。

　その際の法的手続きを経ない市民の「非暴力直接行動」は、市民の「集会の自由」や「表現の自由」を侵す警察の不当な規制に対する非暴力の「市民的不服従」でもあります。こうした「非暴力直接行動」においても、沖縄では長期にわたって自覚的に実践され、本土においては例外的で自然発生的にとどまっているのが現状です。

　今後、日本の市民は沖縄や奄美を含めた世界中の市民の貴重な多くの経験から学び、非暴力主義の思想をいっそう深め、実践する必要があるのではないでしょうか。

4　日本国憲法の平和主義と非暴力主義

⑴ 前文と第9条の主語は日本国民

　そうした視点は、重大な危機を迎えている日本国憲法の平和主義の人類史的な意義を再確認し、深めるうえでも極めて重要だと思います。

　日本国憲法の前文と第9条については、非戦・非武装、つまり日本が率先して完全な非武装国家となり、軍備と戦争のない世界を実現するその先頭に立つという国内規定と国際的な宣言だという解釈が、多くの憲法学者などによってなされてきました。

　ここで改めて確認したいのは、前文で「政府の行為によつて再び戦争の惨禍が起こることのないやうにすることを決意し」、第9条第1項で「国権の発動たる戦争と、武力による威嚇又は武力の行使、国際紛争を解決する手段としては、永久にこれを放棄」したのは、「日本国」ではなく「日本国民」だということです。

　したがって、「前項の目的を達するため、陸海空軍その他の戦力は、これを保持しない。国の交戦権は、これを認めない」という9条第2項の主語も、

明記はされていませんが第1項と同じく「日本国民」だということです。

　つまり、前文と第9条の主語は日本国なのではなく、あくまで日本国民なのです。ここがいちばん肝心なのです。日本国民が主権者として永久に戦争を放棄し、そして主権者として日本国（国家・政府）に対して永久に一切の「戦力」と「交戦権」、つまり戦争の手段と行う権限（権利ではありません。権利を持つのは国民だけです。国家はその国民から信託された権力・権限を持つだけです）の保持を禁止し、憲法に明記したのです。

　これまで、この最も重要な点の確認がしばしば意図的に、あるいはよく考えられないまま、あいまいにされてきました。

　すでに述べたように、軍備（戦力）と戦争、ましてや核兵器と核戦争は人類最大の暴力の手段と行為です。それを地球上からなくすことは人類の最大の夢でした。日本国民は、その人類最大の夢を実現するために、自ら先頭に立ってその暴力（手段と行為）を永久に放棄することを決意したのです。

　したがって、前文と9条は、「国際紛争を解決する手段」としていっさいの暴力を永久に放棄するという、日本国民による日本国政府への命令であり、同時にアジアを先頭とする国際社会への日本国民（日本国ではありません）の宣言であり、公約だったのです。

　これまで、多くは「憲法9条で日本は永久に戦争を放棄し、軍備を廃止し交戦権を否認した」というように、主語をあいまいにして解釈されてきましたが、日本国や日本国憲法が戦争を放棄したのではないのです。あくまで日本国民が戦争を放棄し、それを日本国の最高法規である憲法に明記して、政府に命令し、世界に宣言し、公約したのです。

　では、その日本国民はいったい「国際紛争」をどのような手段と行為で解決するのかが問題です。それはもはや明白です。暴力ではない手段と行為によってです。それを「平和的」な手段と行為と言ってもいいですが、暴力との対比で言えば「非暴力」（手段と行為）と言う方が正確でしょう。

　つまり、日本国民は憲法の前文と9条で、国際紛争を徹底した非暴力によってのみ解決することを、日本国政府に命令し、あわせて国際社会に宣言し、公約したのです。

⑵ 国家の「自衛権」は奪うことのできない「固有の権利」なのか

　しかし、いくら日本国民が国際紛争を非暴力で解決しようとしても、他国から武力攻撃や侵略をされたらどうしたらいいのでしょうか。たしかに、今もその可能性がゼロだとは言えません。

　いわばそこに付け込んだ政府による第1次解釈改憲が、9条は国家の「固有の権利」である「自衛権」までは否定していないというものでした。したがって、他国からの武力攻撃や侵略に対して「自衛権」を発動するのは合憲であり、その目的のためだけに設置された「必要最小限」の「実力部隊」「防衛力」は9条で禁止されている「戦力」には当たらないという「専守防衛論」だったのです。

　安倍内閣によって強行された第2次解釈改憲は、国連憲章第51条が「個別的自衛権」だけでなく「集団的自衛権」も国家の「固有の権利」として認めているのだから、「専守防衛」にとどまらず「集団的自衛権」を行使して、日本が攻撃されていなくても国民に明白な危険があるときなどは自衛隊が米軍などと一緒に反撃できるというものでした。

　こうした議論では、「自衛権」は国家の奪うことのできない「固有の（inherent）権利」だとされています。しかし、近代立憲（constitutional）主義国家において、国家とは主権者の国民（people）が自らの生まれながらに持つ（inherent）基本的人権（fundamental human rights）を実現するために創設（constitute）したもので、国家はその信託を厳格に規定した憲法に基づいてのみその権力・権限を行使できるのです。したがって、人為的に創設された国家にはそうした権力・権限以外に、生まれながらの権利などはいっさいありません。

　その他の基本的人権と同じように、生まれながらの（固有の）権利としての「自衛権」を持っているのは、国民（people）だけです。

　したがって、近代立憲主義を前提にする限り、たとえこれまで国際慣習法が「（個別的）自衛権」を国家の「固有の権利」とみなしてきたとしても、正確には国家が持ちうる「自衛権」とは、国民の「自衛権」に基づく信託によって他国の武力攻撃や侵略にたいして国家が「自衛」の措置をとる「権限」だけなのです。近代においてこれまでほとんどの国において国家が武力

による「自衛権」を持ってきたのは、それらの国の国民の信託によるものだったと解するべきでしょう。

　戦後の日本ではまさに国民が国家に対して武力による自衛の権限を信託せず、反対にそれを永久に奪ったのです。

(3) 国民の自衛権に基づく非暴力による自衛（非暴力防衛・市民防衛）

　では、他国からの武力攻撃や侵略に対してはどうすればいいのでしょうか。

　残念ながら日本ではこの点の議論がほとんどなされず、研究も遅れているのですが、国際的にはすでに触れた第二次大戦中のナチス・ドイツへの北欧諸国や戦後のソ連への東欧諸国の人びとの非暴力による抵抗の経験などを踏まえた、「非暴力防衛」あるいは「市民防衛」という道が提唱されています。

　つまり、自他の心身と環境に対する犠牲と破壊があまりに大きい武力による「国家の自衛権」の発動ではなく、「国民の自衛権」に基づき広範な国民（市民）の非暴力による抵抗によって他国からの武力攻撃や侵略に抵抗し、より少ない犠牲と破壊で勝利することが可能だというのです。

　第二次大戦末期に、インドにも日本軍の侵略が迫るなかでガンディーが非暴力による防衛を考えていたことは知られています。後にそのことを、米国の侵略に武力によって戦って勝利しつつあったベトナムのある高官が、米国の非暴力主義者デイヴ・デリンジャーに指摘して、ベトナム戦争における双方の犠牲のあまりの大きさから、今後は世界中で非暴力による防衛を実行できるよう真剣に研究しようと誓い合ったことも知られています。

　たしかに、原理的には「国民の自衛権」の一部を国家に信託することで、武力を排した非暴力の「国家の自衛権」の発動も可能ではないでしょうか。その発動に当たっては、非暴力による防衛の真剣な調査研究に基づいて創設される、国の常設のいわば「非暴力自衛隊」が必要でしょう。有事には、その「非暴力自衛隊」が広範な市民との民主的な協力の下に、他国の武力攻撃や侵略に国民的規模で非暴力の抵抗をすることになるのです。

　現在の自衛隊は事実上の軍隊です。本会の「地球平和憲章」案は、軍隊を「警察組織」「災害救助や人道的な援助の組織」に変えることを唱っています。また、すでに地域紛争の非暴力的解決を実践するために活動する国際NGO

「非暴力平和隊」が創設され、その日本支部も活動しています。「非暴力自衛隊」は、現在の自衛隊を解体・再編して、「国際災害救助隊」や「非暴力平和隊」の主要な機能をも保持し、平時においては非暴力による防衛の研究・訓練と内外の災害救助、地域紛争の非暴力的解決に従事することが考えられます。また、第二次大戦後、世界に先駆けて常備軍を撤廃したコスタリカが、国際法、国際司法を手段とした平和的外交による自国の防衛と周辺地域の平和構築に成功した先進的な経験に学び、そうした機能も持たせるべきでしょう。さらに、地球環境への戦争と非暴力でたたかうグレタ・トゥンベリさんの先進的な主張と行動に学び、それに続く研究・実践の機能も持つべきでしょう。

　そろそろ、日本でもこうした非暴力による防衛の現実的な可能性と組織の在り方を、他国の先進的な研究、実践に学びながら、真剣に研究、議論すべき時ではないでしょうか。

おわりに——戦争という最大の暴力をなくすだけでなく

　ガンディーが非暴力を社会変革の手段としてだけでなく、同時に実現すべき社会の目的としても考えていたことは、すでに書いた通りです。

　私たちはあくまで非暴力で、人類の最大の暴力手段と暴力行為である軍備と戦争、核兵器と核戦争を地球上からなくすことをめざします。その実現は人類の最大の夢でした。それはどんなに強調しても強調しきれない切実な真実です。

　しかし、軍備と戦争が撤廃されさえすれば、日本からも世界中からもすべての暴力が消えてなくなるわけではないことも忘れる訳にはいきません。

　第一には、人類の生存すら脅かすまでになりつつある地球環境への暴力です。それはもはや人類による地球環境への戦争です。

　第二には、いわゆる「先進国」とそれ以外の多くの国の間の広がる一方の経済的・文化的格差や、一国の内部でも同様に広がる格差、さらに長い歴史の中で形成されてきたさまざまな差別など、個々の国や個人では解決しようのない「構造的暴力」です。

軍備と戦争の撤廃を非暴力でめざす私たちは、常に同時に軍備と戦争以外の人間生活におけるこうしたあらゆる暴力とも非暴力で不断にたたかい続けなければなりません。

　なぜなら、暴力は平和に生きるべき人間の生存と生活に相反するからです。暴力は、人間の身体と感性、さらに理性と尊厳を傷つけ、破壊し、平和で自由な社会の実現を妨げます。人類が平和に生きるためには、それを妨げるあらゆる暴力に抵抗し、克服していかなくてはなりません。しかし、暴力を暴力によって克服することはできません。それは暴力の連鎖を生むだけです。暴力を真に克服するためには、市民による非暴力の抵抗などの不断の努力が必要です。

　戦争を美化し、扇動する「暴力の文化」に対して、「平和の教育」と「平和の文化」で子どもたちを育て、市民の連帯を励まさなければなりません。家庭、学校、職場、公共空間など、日常・非日常を問わず子どもたちと市民の生活のあらゆる場面から暴力を一掃しなければなりません。

　いっさいの戦争と共に、死刑を含む国家の暴力、構造的暴力、市民生活における暴力を一掃する積極的平和の実現をめざしましょう。

　地球上に永続的な真の世界平和を実現するため、非暴力と積極的平和の思想と行動をさらに豊かにしましょう。

（目良誠二郎）

第5章　平和の文化と教育、その国際的進展

1　第二次世界大戦後75年

　国連憲章、ユネスコ憲章、日本国憲法など、今日の世界と日本の平和の枠組みを成り立たせている原点は、第二次世界大戦の終結にあります。人類が世界戦争の悲惨な体験から平和への願いと戦争を繰り返さない思いを共有し、その実現のための社会のしくみや枠組みづくりを始めてから、75年を経過しました。三四半世紀という一つの節目の意味するものは、当時の直接の戦争体験者、戦争被害者たちの全員が既に75歳以上の後期高齢者となっていることです。戦争体験、戦争被害の直接の記憶を語り、それを聴くことのできる時代が終わろうとしていることは、社会から平和の原点としての戦争の記憶が消滅していく事態に直面しているともいうことができます。

　しかし、人びとの体験や「記憶」そのものが失われ、消えていく中でも、戦争の実相と平和を願う戦争体験者の思いは、人々が共有できる「記録」という形をとって次の世代にもしっかりと継承されていきます。さらにそれらは、思想、学問、科学として理論化体系化され、社会の仕組みとして制度化され、さらには教育を通じて再生産されることで、社会を動かす力として生き続けていくのです。

　これが平和の文化であり、平和教育はその血流ともいえます。

2　平和のための教育と文化の原点

　第二次世界大戦の惨禍は世界の人々の心に平和への願いを切実なものとして刻み、国連憲章（1945.6）、ユネスコ憲章（1945.11）を採択するとともに、国際平和に向けての新しい秩序づくりがはじまりました。「われらの一生のうちに二度まで言語に絶する悲哀を人類に与えた戦争の惨害から将来

の世代を救」う決意を示した国連憲章は、「平和と安全を維持」するために、紛争解決を平和的手段によって実現することを目指しました。ユネスコ憲章は「戦争は人の心の中で生まれるものであるから、人の心の中に平和のとりでを築かなければならない」と平和の実現を、教育、科学、文化の発展に託す決意を示しました。

　日本国憲法（1947.5）も、この国際的な平和構築の流れに加わり、それをいっそう進めるために、「政府の行為によって再び戦争の惨禍が起ることのないやうにすること」（非戦）と、「平和を愛する諸国民の公正と信義に信頼して、われらの安全と生存を保持」すること（非武装）とを、世界へ向けた決意として宣言したものです。

　戦争の放棄（非戦）と武力によらない安全と生存の確保（非武装）という平和構築に向けた「理想の実現」は「根本において教育の力にまつべきもの」として、「真理と平和を希求する人間の育成」と「普遍的にして個性ゆたかな文化の創造」をめざした教育がすすめられてきました（教育基本法、1947.3）。平和のための教育と平和の文化の創造の課題は、国際社会の平和に向けた歩みとそれに呼応する日本国憲法の要請に基づくものであり、以来75年を経た今日、教育の成果は戦争をしない国と国民の強固な礎となっています。

　しかし一方でこの75年、国際社会では平和への願いの実現は大きくさまたげられてきました。第二次大戦に引き続く新たな戦争（朝鮮戦争、ベトナム戦争、中東戦争、湾岸戦争、コソボ、アフガン…）が連続し、また東西冷戦や民族対立を武力の優位性で解決しようとする軍備拡張競争が人々のくらしの安心と豊かさをそぎ落としながら続いていきました。これら諸国民の間には、対立と分断、抑圧と排除、偏見と憎悪といった「暴力の文化」が広がり、戦争勢力を下支えしているのです。

　いまだに日本と国際社会に深く浸透している「戦争と暴力の文化」に立ち向かうためには、非戦・非武装・非暴力・国際協力をめざす平和のための教育と、平和の文化の創造とが強く求められています。平和に生きる権利を実現し、未来世代の権利に応え、持続可能な地球環境を護るためにも、平和のための教育と平和の文化の創造が不可欠です。一人ひとりの人間がこれらを

実現する担い手であり、その知的協働と精神的連帯の上にこそ、平和は築かれるのです。

3 「平和の文化」をどうとらえるか

(1) 蓄積されてきた「平和の文化」

　「平和の文化」とは、戦争とあらゆる構造的暴力から排出される人間否定の文化を乗り越え、それらを包み込む力を持った人間性あふれる文化です。人の心の中に「平和のとりで」を築くと宣言したユネスコは、人間の尊厳に欠くことのできない「文化の広い普及と正義・自由・平和のための人類の教育」をすすめる国際組織として、「平和の文化」の創造を積極的にリードしていきました。

　「平和の文化」を築く第一歩は、人々の考え方や世界観、社会の制度や人間関係の中にも深く浸透している「戦争と暴力の文化」をしっかりと認識することです。軍事力を基礎にした国家や安全保障のシステム、構造的暴力として定義される国際経済構造の不公正、日常生活で誰もが触れる人種・宗教・ジェンダー差別や子どもへの虐待などの社会的不正義、これらが戦争の基盤をつくる「暴力の文化」です。これら「暴力の文化」を見逃さずにとらえ、それらを包み乗り越えていく、より人間的な価値を発見創造し続けることが求められます。

　戦後の日本社会では、戦争を否定し、豊かな人間的価値を社会が共有する「平和の文化」が大きく発展してきました。文学や芸術の諸分野で、戦争の非人間性を描く多くの作品が創出され、映像メディアを通じてひろく国民に普及し、また、幼児教育、学校教育、社会教育などを通じても、創作、蓄積され、子どもたちや市民に享受されるなど、厚みのある「平和の文化」が形成されて今日に至っています。また、日本の各地域には平和を祈念する戦争資料館や平和博物館あるいは平和文化のミュージアムが、公立・民間を問わず数多く建設されています。小説や詩歌、漫画やアニメ、映画やドラマ、演劇や音楽など、「平和」は人々の精神活動の所産としての文化・財としてかけがえのないテーマとなり、「平和の文化」は今日の日本社会にしっかりと

根付いてきているとも言うことができます。

(2)「平和の文化」の新たな課題──グローバル化の中で

　しかし、この日本社会に根付いた「平和の文化」の概念とは別に、国際社会が提起しているもう一つの「平和の文化」概念にも注目する必要があります。それは、1990年代の国際社会の情勢が提起した、「平和を創造」していくための「平和の文化」という新たな課題でした。冷戦の終結とグローバル市場の成立は、国家を超えて世界の人々を呑み込み、貧困・格差を拡げ、暴力紛争や民族対立を激化させ、国際社会に新たな分断を拡げたのでした。

　1994年ユネスコ・国際教育会議「宣言」は、はじめて「平和の文化」という言葉を使って平和のための組織的教育の重要性を訴えました。

　「教育は、人権の尊重に寄与し、権利の擁護と民主主義と平和の文化の建設に積極的に参加していくうえで、役立つ知識、価値、態度、そして技能の形成を進めるべきである、と確信する。」(ユネスコ・国際教育会議宣言、1994)

　さらに1995年のユネスコ総会は「戦争の文化から平和の文化への移行」が20世紀末の主要なチャレンジであると宣言し、1997年に国連はこのユネスコの提起を受けて、2000年を「平和の文化国際年」とすることを決議、さらに翌1998年には2001年からの10年を「世界の子どもたちのための平和の文化と非暴力のための国際の10年」と位置付けます。

　こうして迎えた1999年、5月に開かれたハーグ・平和アピール世界市民会議は「21世紀に向けての平和と公正のための課題(ハーグ・アジェンダ)」と「公正な世界秩序のための10の基本原則」発表します。そしてこの年9月の国連総会は「平和の文化に関する宣言」を採択します。

　ハーグ・アジェンダは、「10の基本原則」の中で「すべての国の議会は、日本国憲法第9条にならって、政府が戦争をすることを禁止する決議を採択すべきである」「核兵器禁止条約の協議を直ちに開始すべきである」「平和教育は、世界のあらゆる学校で必修であるべきである」など、重要な提起を行ったきわめて意義深いものですが、「平和の文化」の概念をめぐっても、日本の平和教育実践や平和の文化概念に新たな視点を示すものでした。

「アジェンダ」のなかの「平和教育のグローバルなキャンペーンを」の項目では、「平和の文化」の形成をめざして世界的なとりくみが次のようによびかけられています。

　「平和の文化は、世界の市民が、グローバルな問題を理解するとき、正義に向かって非暴力で紛争・トラブルを解決する技能を持つとき、人権と公正の国際基準に従って生きるとき、文化の多様性を理解し、この地球に、みんなに関心を払うとき、生まれる。その学習は、ただ、平和のための組織的な教育によってのみ到達できる。」（ハーグ・アジェンダ、1999.5）

　日本で一般的にとらえられている「文化や財」そのもの指す「平和の文化」のイメージとは少し違って、ここでは平和を「創りあげるもの」として、世界の市民や子どもたちの中に身につけるべき価値観や態度、行動様式として提示し、その育成を組織的に取り組むべき平和教育の課題として提起しています。

(3) 創りあげるべき平和とその担い手

　この新しい「平和の文化」概念の提起は、国連「平和の文化に関する宣言」（1999.9）では、さらに鮮明に示されることになりました。宣言では「平和の文化」を次のように定義します。

　「第1条　平和の文化とはつぎにかかげるような価値観、態度、行動の伝統や様式、あるいは生き方のひとまとまりのものである。

（a）教育や対話、協力を通して生命を尊重し、暴力を終わらせ、非暴力を促進し、実践すること。

（b）国連憲章と国際法の精神にのっとり、本来それぞれの国の国内法下にある諸事態には、その国の主権や領土の保全、ならびに政治的な独立の原理を十分に尊重すること。

（c）すべての人権と基本的な自由を十分に尊重し、その促進をすること。

（d）紛争の平和的な解決に向けて責任を負うこと。

（e）現代ならびに未来の世代が、開発と環境を享受できるように努力すること。

（f）発展の権利を尊重し、その促進をすること。

（g）女性および男性の平等の権利と機会均等を尊重し、その促進をすること。
（h）表現や意見、情報の自由に関するすべての人の権利を尊重し、その促進をすること。
（i）社会と国家のあらゆるレベルにおいて、自由、正義、民主主義、寛容、連帯、協力、多元主義、文化的多様性、対話、そして相互理解という原則をまもること。

　そして、平和の文化は、平和に貢献する国内的そして国際的環境によってはげまされる。」（国連平和の文化に関する宣言 1999.9）

　ここに見られるように、今日の国際社会が「平和の文化」というときの文化の概念は、特定の国や民族、人々の精神活動の所産としての文化・財というよりも、これらを創りあげる人々の「価値観、態度、行動の伝統や様式、あるいは生き方」など、いわば精神活動そのものを強く意識するようになっています。そして、平和は創りあげるものとして、市民と子どもたちの身につけるべきひとまとまりの精神活動の育成を、組織的な平和教育の課題としているのです。

　言い方を変えれば、市民の日常生活のすべてが平和的な価値観に基づく精神活動に支えられた生活となることが「平和の文化」とも言えます。平和外交を唱えながら、一方で民族差別や経済格差を利用した圧力で利益を得ようとすることや、戦争反対を主張する人が職場や家庭では男女の平等や機会の均等をないがしろにするなどの態度は、「平和の文化」の精神とは相反するものとなります。

　「平和の文化」として形成されるべきこれらの精神活動の一つひとつの内容は、多くが「ユネスコ国際教育勧告（1974.11）」以来の平和教育等に対する国際的な提起に基づいて蓄積されてきたものです。例えばユネスコの「文化的な生活への最大限の参加に関する勧告（1976）」では、「文化は単にエリートが生み出す仕事や知識の蓄積だけではなく、知識の獲得や生活の方法、コミュニケーションの力である」としています。

　このような国際的に積み重ねられた平和教育の理念の発展の上に、1990年代の国際平和にかかわる新たな危機的状況（91年の湾岸戦争・ソ連崩壊から99年のコソボ紛争に至る）を反映して、(a)「非暴力」を促進する実践、

（b）「国連憲章と国際法の精神」など国連の権威のもとで行なわれるべき紛争解決、（h）「表現」の自由や「意見」表明など、すべてのひとの参加の意識化と促進、（i）「多元主義、文化的多様性、対話そして相互理解という原則」などの視点が強化されたことも注目すべき点です。

⑷ 平和な社会体制と乗り越えるべき「暴力の文化」

　こうして「平和の文化」を、築くもの、創造するものとして、その精神活動を位置付けたとき、これらの十分な発達を促し支えるものとして、「平和の文化に関する宣言」は第3条で、平和の文化の十分な発達のために必要不可欠な社会体制と国内国際政治のあり方について次のように言及しています。

　（a）紛争の平和的解決、相互尊重、相互理解、国際的協力、（b）国連憲章や国際法による国際的義務、（c）民主主義、人権と基本的自由の尊重と遵守、（d）対話と交渉、合意形成と対立の平和的解決技能、（e）民主的諸制度、発展の過程への完全な参加、（f）貧困と非識字の根絶、国内、国家間の不平等を減少、（g）持続可能な経済的、社会的開発、（h）女性のエンパワーメントや平等な参加保障、あらゆる形態の差別をなくす、（i）子どもの権利の尊重促進と保護の強化、（j）情報の自由と情報へのアクセス、（k）行政の透明性と責任性の強化、（l）あらゆる形態の人種主義、人種差別、排外主義、不寛容をなくす、（m）民族的、宗教的、言語的少数者をふくめ、すべての文明と人びとと文化の間の理解と寛容と連帯、（n）すべての人びとの自決への権利実現。

　「平和の文化」（平和を創る価値観や行動様式など）の育成を支える基礎には、平和的な社会体制や政治のあり方、民主的制度が不可欠であるというこの指摘は、「平和の文化」と「平和的な社会体制」とはまさに車の両輪であることを示しています。

　1990年代にはじまる戦争の文化から平和の文化への国際的チャレンジは、「平和の文化」の新しい概念を示したと同時に、それは乗り越えるべき「戦争の文化」とは何かを鮮明にしたことでもあります。もともと「平和」とは、人間の内面の平穏さなどから社会的正義の実現まで、多様な内容を含んだ言葉でもあり、「平和の文化」という言葉だけでは、その的確な内容を説明す

る難しさもあります。「平和の文化」の対極にある「戦争の文化」、あるいは「戦争を生み出す原因」となるものとは何か、これらを「暴力の文化」としてとらえ、その内容を明確にすることで「平和の文化」が鮮明になったとも言えます。

　平和に対峙する最大の暴力は戦争ですが、それ以外にも、貧困と格差、差別や人権抑圧、環境とエネルギー問題など、現代社会には人々の生存と生活を脅かす多くの暴力が存在しています。これらを「構造的暴力」としてとらえ、平和の対極に位置付けることで、「平和」の概念もまた大きく転換してきたのです。

　ハーグ・アジェンダでは、「経済のグローバル化がつくり出す世界各地での貧困・飢餓・失業の広がり、人種差別・非寛容の広がり、さまざまなテロなどによる社会的崩壊こそが、国際的緊張と国内の民族紛争と戦争の原因をつくっている」と指摘し、その解決に向けた努力として、「平和の文化」の創造を訴えているのです。

　国連が「世界の子どものための平和の文化と非暴力の国際 10 年」（2001 ～ 2010）で「あらゆる暴力に反対する平和と非暴力の教育」を強調したのも、このような「構造的暴力」のとらえ方が広がった状況を踏まえてのことだといえます。

　また、子どもと暴力とのかかわりでは、子どもの権利条約（1989）はその 19 条で、子どもの養育にかかわる「あらゆる形態の身体的若しくは精神的な暴力、傷害若しくは虐待、放置若しくは怠慢な取り扱い、不当な取り扱いまたは搾取（性的虐待を含む）からその児童を保護するためすべての適当な立法上、行政上、社会上及び教育上の措置をとる」ことを締約国政府に求めています。国連子どもの権利委員会は「平和の文化と非暴力の 10 年」を終えた 2011 年にあらためて、「あらゆる形態の暴力からの自由に対する子どもの権利」についてのジェネラルコメントを採択します。その理由についてコメントが、子どもに対する暴力の規模と厳しさの憂慮すべき状態は、子どもの発達を脅かすばかりでなく、「社会が潜在的に有する非暴力的な紛争解決策を脅かす」と述べていることは、「暴力の文化」をとらえるうえで重要です。

4 「平和のための教育」とは

⑴ 戦争への反省と平和の担い手づくり

　平和のための教育（平和教育）は、戦争を美化する考え方を否定し、非戦・非武装・非核・非暴力・国際協力をめざす、平和国家と平和な国際社会の担い手を育てます。

　戦争と「暴力の文化」が人々の心を支配し、戦争がくり返されてきた背景には、教育が国家に利用され続けてきた歴史がありました。日本においても戦前の国家主義・軍国主義の教育が国民を戦争にかりたてる大きな役割を果たしました。

　日本の戦後の平和教育は、学校教育を通じて国民をアジア太平洋戦争へと突き進ませたことへの反省の意識から、戦争に反対する教育として始まりました。教職員組合の教育研究活動で 1951 年から使われ続けている「教え子を再び戦場に送るな」のスローガンは、学校での平和教育を担ってきた教師の心のシンボルとも言えます。

　戦争への反省から平和な国家社会の担い手を育てるという日本の平和教育の理念は、日本国憲法とともに成立した教育基本法（1947）よって明確に示されました。

　前文「われらは、さきに、日本国憲法を確定し、民主的で文化的な国家を建設して、世界の平和と人類の福祉に貢献しようとする決意を示した。この理想の実現は、根本において教育の力にまつべきものである。われらは、個人の尊厳を重んじ、真理と平和を希求する人間の育成を期するとともに、普遍的にしてしかも個性ゆたかな文化の創造をめざす教育を普及徹底しなければならない。」

　「第一条（教育の目的）　教育は、人格の完成をめざし、平和的な国家及び社会の形成者として、真理と正義を愛し、個人の価値をたつとび、勤労と責任を重んじ、自主的精神に充ちた心身ともに健康な国民の育成を期して行われなければならない。」

(2) 戦争体験の継承

　戦争と戦力を放棄し平和国家を築くという日本国憲法が示した国民の決意は、教育の力に託されて戦後の平和教育は進められていきます。日本の平和教育は、憲法的位置づけのもとに、世界にさきがけて非戦・非武装の国家をつくるための教育という課題を担って行われてきました。それらは核兵器の被害を学ぶ教育や、戦争の実相を学ぶ教育としてすすめられ、教材もまた過去の戦争を題材にしたものが多く使われました。今日でも、学校の教科書には戦争教材が数多く登場しています。

　平和教育で扱われるテーマは、広島・長崎の被爆体験、沖縄の地上戦、戦時下の生活、地域の空襲体験、子どもの疎開体験、近親者の戦争体験など、戦争体験を継承することに重点を置いた実践が多く行われてきました。平和教育が行われる場面（領域）も、国語や社会、音楽などの教科の授業、道徳や総合的な学習の時間、学校行事や学級活動、修学旅行など、多面的にとりくまれています。

　多くの調査などからも、日本の子どもたちが「戦争」について知ったり、深く考えた場面は、圧倒的に学校での学びの中であり、日本の学校での平和教育は「戦争をしない国」「平和国家日本」の礎となってきたことがわかります。しかも、国の教育行政（文部科学省）の側から見ると、学習指導要領の内容記載でも、調査や研究、予算措置などにおいても、国としての「平和教育」の位置づけは皆無ともいえるきわめて特異な状況下にあります。日本の学校平和教育はすべてが学校現場の独自の直接的なとりくみとしてすすめられ、政府がかかわりを持たない特異な教育実践分野であることも、大きな特徴となっています。

　政治と教育という関係で見るならば、日本の戦後政治の分野ではほぼ一貫して、憲法の非戦・非武装の理念に反して、軍備の増強と戦争遂行能力の復活が進められてきました。そのような政治状況下にあっても、戦後75年を経て、憲法9条改憲の政治的動きに対して、反対の世論が圧倒しているのも、形成されてきた「平和の文化」の厚みと戦後の平和教育の大きな成果だということができます。

　しかし、改憲勢力がその第一歩と位置付けた教育基本法はすでに2006年

の法改正で大きく変質させられ、学校教育への統制が強まり、平和教育実践の自由な発展が脅かされる事態が憂慮されています。また、防衛力という名の軍拡問題や日米同盟、基地や沖縄の問題など、直面する紛争解決にかかわる課題に向き合った平和教育は大きく立ち遅れているといわなければなりません。

5　平和教育の発展と新たな視点

(1) 戦争の「実相」と子どもの学びをめぐって

　日本の平和教育の実践の多くは「被害体験の継承」に力点が置かれてきました。しかし、1980年代、近隣諸国との関係で、日本の過去の加害行為が「教科書問題」としてクローズアップされることになりました。日本の平和教育にとっては新たな課題が投げかけられ、これを契機に、加害の事実を意識的に取り上げた実践や教材作りが広がり始めます。一方ではこの平和教育を「自虐史観」だとする歴史修正主義からの攻撃とたたかいながら、戦争の実相を被害だけでなく加害の面からも、さらには抵抗や加担など、実相を構造的多面的にとらえることで、再び加害者をつくらないような「欠点を克服できる力と可能性」を展望する新たな平和教育の視点も示されてきました。

　また、戦後も半世紀を過ぎると、戦争体験の継承そのこと自体の難しさや、戦争に伴う死という実感的体験そのものが風化していく問題など、伝え継承すべき内容そのものにも新たな吟味が求められるようになっています。子どもがとらえる「戦争」のイメージも、第二次大戦当時の戦争は国家間の総力戦でしたが、今日の戦争はその形態や枠組みも大きく変化しています。非国家アクターによる国境を越えたネットワークによって行われる戦争、盲目的な民族主義や宗教的原理主義によって導かれる戦争など、体験の継承の枠組みではとらえきれない戦争概念をどう学ぶかも課題となります。

(2) 世界の平和教育の発展と、「平和の文化」の提起を受けて

　既に「平和の文化」の項で述べたように、世界の平和教育もまた大きく発展しています。第1回国連軍縮特別総会（1978）での「あらゆる水準で

の軍縮教育と平和学習の計画」、ユネスコ軍縮教育世界会議（1980）での「軍縮教育の 10 原則」を中心とした最終文書、国際平和年（1986）、「暴力についてのセビリア声明」（ユネスコ 1989）、ハーグ平和市民会議（1999）、国連平和文化年（2000）、「世界の子ども達のための平和と非暴力の文化の 10 年」（2001 ～ 2010）……と、「平和教育」のとらえ方、およびその前提となる「平和」の概念そのものが、国際連合・ユネスコなどの場で大きく展開し、平和教育への合意とその内容を大きく前進させてきています。

　「軍縮教育」と呼ばれてきた狭義の平和教育から、今日では、より重要で基本的な問題として、圧制、貧困、抑圧といった「構造的暴力」にいかに対応するかが課題となっています。

　世界の平和教育では、積極的平和（positive peace）の概念に基づいた平和教育の実践が主流となり、その流れに「意識化」や対話方法のアプローチが加わり、さらに貧困や地球環境も平和教育の重要なテーマとなっています。1980 年代には、国連の軍縮教育に関心が広がり、「非武装平和の新しい世界秩序にトランスフォーム」する教育と定義されました。インド・パキスタンの核実験応酬など、核不拡散の理念が揺らぐ中で、2000 年以降は「軍縮・不拡散教育」として再注目されました。ポスト冷戦の 1990 年代には、「包括的平和教育」（Comprehensive Peace Education）の考え方も広がりました。包括的平和教育は、積極的平和を目指し、広範囲で包括的な学習題材を活用し、教育方法においても、日常の紛争解決や平和建設に資する態度やスキルを形成しようとするものとなっています。

(3) 平和教育の核心

　このように世界と日本の平和教育の進展を見ると、あらためて、平和教育の核心は、軍縮と核廃絶、すべての構造的暴力を廃絶していく課題を担って、平和の構築に参加していく意欲と能力を備えた主体者を育てていく教育にあります。

　今日、平和教育の課題は、平和は「守る」ものから「創る」ものへ、平和創造の担い手づくりへと大きく発展してきています。平和の構築に参加する意欲やそのための能力を育てていく課題は、平和教育の目的の一つとしてと

りわけ重要です。そのために学ぶべきテーマも、非戦と非核・非武装の教育にとどまらず、あらゆる暴力や不正義の問題を探究するカリキュラムが必要であり、人権教育、環境教育、開発教育、紛争解決教育、多文化教育と学びのエリアを大きく広げています。

　また教育のあり方についても、暴力の文化に根ざす強制的、抑圧的、権威主義的な教育方法を否定するとともに、子どもの主体的自発的な学習参加を促す工夫や、身近な暴力（いじめなど）の解決にもつながる学習活動が求められています。

　日本国憲法は「全世界の国民が、ひとしく恐怖と欠乏から免かれ、平和のうちに生存する権利を有することを確認する。」と、全世界の国民の平和に生きる権利の保障を宣言し、そしてその実現を教育の力に託しました。75年前の理念と決意はそのまま、今日の国際社会の平和教育の課題に貫かれています。

　いま、私たちが呼びかけているこの「地球平和憲章」の運動〈核兵器はもとより、いっさいの武力と暴力を排し、世界のすべての人々が、尊厳を持った人間として、持続可能な地球環境の下で、「平和に生きる権利」の実現をめざす〉もまた、市民の平和教育教材づくりの運動としても、その役割を担うことを期待します。

（児玉洋介）

第6章　誰が国際法を作り、発展させるのか
——国際規範による暴力の抑制と地球平和憲章の意義

1　国際法の発展と戦争の違法化

⑴ 国際法による暴力の抑制（戦争法・戦時国際法として）

　暴力を統制し、力ではなく理性と論理によって社会秩序を維持することは、法の最も大きな存在理由の1つです。法によって戦争の残虐性を軽減しようとする考え方は、人類の歴史の始まりと同じくらい長い歴史を持っています。例えば、戦争の始め方や戦闘方法、捕虜・敵財産の扱いについて定める古代インドの「マヌ法典」や古代バビロニアの「ハンムラビ法典」、西洋中世の騎士道や日本の武士道は、現代の価値観とは大きく乖離する部分を含み、どの程度遵守されていたかも疑わしいにせよ、暴力を統制する必要性と各文明圏の規範意識とが結び付いたものと言えます。

　かつて、主権国家には戦争を行う自由があるという考え方（正戦論）が広く受け入れられた時代が長く続きました。戦争が合法だったことから、戦争の始め方や攻撃の手段、使用しても良い武器の種類などに関するルール（戦時国際法・戦争法）が考えられました。戦時国際法は、中世以来の長い歴史を持つ分野ですが、ここでは、19世紀後半のヨーロッパにおける赤十字運動から話を始めます。第二次イタリア統一戦争中の1859年、アンリ・デュナン（1828～1910、スイスの実業家、第1回ノーベル平和賞受賞）は、イタリア統一戦争の戦場となった北イタリアのソルフェリーノで、1日に約6,000人の死者と40,000人の負傷者を数え、負傷者が手当てを受けられないまま放置され、死んでいく様子を目にし、救護活動にも参加しました。スイスに戻った後、この体験をもとにして、『ソルフェリーノの思い出』（1862）を著します。その結びの部分で、敵・味方関わりなく、戦争犠牲者の保護にあたる国際的な救護団体の創設と、国家間の条約によって、団体を保護し、戦場での活動を保障することを訴えました。

　デュナンの提案がもとになって、1863年にスイスのジュネーヴに国際赤

十字が設立され、各国に同様の委員会を設立することや統一的な旗・標章の使用が提唱されました。この動きは、赤十字・赤新月運動として世界に影響を与え、人道支援団体として、赤十字社・赤新月社または赤水晶（マーゲン・ダビド）社が、2021年現在185の国に存在し、各国の赤十字・赤新月・赤水晶社とそれらの連絡体としての国際赤十字赤新月社連盟、武力紛争時に中立の立場で人道的活動を行う赤十字国際委員会（ICRC）が活動しています。日本にも日本赤十字社があります。

　赤十字・赤新月運動に後押しされて、1864年にジュネーヴで開催された外交会議で、戦地軍隊における傷病者の状態の改善に関する条約（傷病者保護条約・第1回赤十字条約）が採択されました。赤十字の精神は、ジュネーヴ条約の原則を海戦に応用する条約（1899）、第2回・第3回赤十字条約（1906・1929）、俘虜待遇条約（1929）等によって、法典化されました。

　戦争犠牲者の保護と並んで、犠牲者を生み出す武器そのものを規制することも、国際法が担ってきた重要な役割です。19世紀後半は、ノーベル賞の提唱者としても知られるスウェーデンの化学者A.ノーベル（1833～1896）が活躍した時期とも重なりますが、爆薬の技術が大きく向上し、土木工事などに活用された反面、戦争でも使用されるようになり、人体に深刻な傷害を与えました。1868年、当時のロマノフ朝ロシアの皇帝アレクサンドル2世のイニシアティヴによって、サンクト・ペテルブルク宣言（1868）が採択されました。同宣言の前文は、戦闘能力を失った者の苦痛を無益に増大させ、その死を不可避とするような武器の使用が「人道の法に反する」と明言し、国際法によって戦争を規制する場面に、「人道」の考え方を導入した点でも重要です。1899年と1907年に、オランダのハーグで万国平和会議（ハーグ平和会議）が開催されました。2回の会議を通して様々な宣言や条約が採択されましたが、中でも、ハーグ陸戦条約とその付属文書である陸戦の法規慣例に関する規則（ハーグ陸戦規則）は、武力の行使の方法・手段についての制限を詳細に定める中核的規則に位置付けられ、現在に至っています。

⑵ 暴力の抑制から戦争の違法化へ

　20世紀に入ると、戦争に訴えることそのものを制限する国際法を作る動きが高まりました。1907年の第2回ハーグ平和会議で締結された「契約上の債務回収のためにする兵力使用制限条約」（ポーター条約）は、相手国が仲裁裁判の判決に従っているなど、一定の条件を満たした場合に限って、武力によって国際紛争の解決を図ることを禁止したものでした。適用範囲が著しく限られていましたが、国際紛争を武力によって解決すること（すなわち、戦争）を明確に禁止した最初の条約として意義あるものです。

　第一次世界大戦（1914〜1918）では、国民全体を巻き込む総力戦が展開され、加えて、航空機や戦車、毒ガスなどの新兵器が多数使用され、戦争の被害も甚大なものになりました。大戦後、1919年に国際社会の平和を維持するための組織として、国際連盟が設立されました。国際連盟規約の前文には、加盟国が「戦争に訴えざるの義務を受諾」することが謳われ、そのうえで、連盟加盟国には、国交断絶に至るおそれのある紛争を国際裁判か連盟理事会の審査に付託する義務が課せられました。国際連盟規約は、国家には戦争を行う自由があるという考え方を正面から否定した点では画期的ですが、その内容は、まだまだ不十分なものでした。

　第一次世界大戦の惨状に反応して高揚した戦争違法化運動（outlawry of war movement）——戦争を違法なものにする（illegalise）というよりも、「戦争を法の領域から放逐する」という語感を含む——は、国際法の発展にも大きく寄与し、当時のフランス外相A.ブリアンと米国の国務長官F.B.ケロッグの尽力により、1928年に戦争抛棄ニ関スル条約（パリ不戦条約：ケロッグ・ブリアン条約）の採択に至りました。パリ不戦条約は、戦争一般を禁止した初の多数国間条約であるとともに、無差別戦争観を戦争違法観によって置き換えた転換点としても特筆すべきでしょう。しかし、パリ不戦条約でも、自衛権の行使は主権国家としての当然の権利とみなされ、在外自国民の保護を目的とした他国への干渉など、「戦争に至らない武力行使」は許されると解されていました。

　さらに、1930年代の世界的な経済不安や米国の孤立主義、英国とフランスの政治的立場の食い違い、第一次世界大戦後の戦後処理によって莫大な賠

償金を課せられたドイツにおける極端な国家主義・民族主義の台頭、「東亜の盟主」を自称して覇権の拡大を狙った日本の中国大陸への侵出などが重なり、再び武力による国際秩序への挑戦が横行し、世界は二度目の世界大戦へと突入しました。人類史上初めて、核兵器が実戦使用されるなど、第一次世界大戦以上の災禍が生じました。

　第二次世界大戦の勝者となった連合国（United Nations）は、二度と世界戦争を犯してはならないという固い誓いの下に、「国際の平和と安全を維持する」ために、国際連合（国連：United Nations）を設立しました。戦間期の「戦争」違法化が、戦争に至らない武力行使を許容する解釈に至ったことへの反省に立ち、新しい国際秩序を目指して作られた国連憲章（1945）は、国際関係において、武力による威嚇又は武力の行使を禁止し（2条4項）、平和の維持を国際機構に委ね、国家の自衛権にも大きな制限を課しました（51条）。狭い意味での戦争に限らず、あらゆる武力の行使や武力による威嚇を原則として違法化すると同時に、安全保障理事会や国際司法裁判所（ICJ）を通じた国際紛争の平和的解決義務を大幅に強化しました。武力行使禁止原則や国際紛争の平和的解決義務は、友好関係原則宣言（1970年国連総会決議2625（XXV））等でも確認され、現在では、国際社会の全ての国家が守るべき一般国際法規範とされています。

(3) 国際法による暴力の抑制（武力紛争法・国際人道法として）

　武力行使の禁止や国際紛争の平和的解決義務の確立に伴い、国際法体系そのものも、あらゆる武力行使が違法であることを原則とするものに変化してきました。しかし、事実としての戦争はなくならず、国内レベルでの武装闘争が激化し、新兵器の開発も進んだことから、むしろ、戦争の惨禍を少しでも軽減する法的要請は強まりました。

　第二次世界大戦の終結から間もなく、戦争犠牲者の保護に関する規則群と、戦時における攻撃方法や武器に関する規則群を統合して、ジュネーヴ四条約（1949）が作られました。ジュネーヴ四条約は、戦地にある軍隊の傷病者の保護に関する第一条約、海上にある軍隊の傷病者の保護に関する第二条約、捕虜の待遇に関する第三条約、戦時における文民の保護に関する第四条約か

らなっています。締約国は、2021 年現在、国連加盟国数を上回る 196 カ国を数え、最も普遍性の高い国際条約の一つだと言えます。1977 年に採択されたジュネーヴ条約第一追加議定書と第二追加議定書によって、ジュネーヴ諸条約の適用範囲は、主権国家間の武力紛争から、植民地独立闘争等の民族解放闘争や国家内部での武力闘争である内戦にも拡大されています。こうして、法的な意味での戦争か否かを問題とせず、あらゆる武力紛争に対して、法による統制を及ぼすという意味で、かつての戦時国際法は武力紛争法と呼ばれるようになり、戦後に発展した国際人権基準からも影響を受けて、武力紛争時にこそ、国家間の政治的関係に埋没しがちな個人を保護することを重視する立場から、国際人道法としての面が強調されるようになりました（黒﨑将広ほか『防衛実務国際法』弘文堂、2021 年）。

2　国際法による武器の規制と軍縮

(1) 戦争に至る前の軍備の制限

　戦時における兵器の使用や戦闘方法を規制することに加えて、武器の製造・保有・使用を平時から規制する軍縮（disarmament）の試みも積み重ねられてきました。国際連盟規約にも、軍縮に関する規定が置かれていましたが（8 条）、実際には連盟の枠外で、ワシントン海軍軍縮条約（1922）やロンドン海軍軍縮条約（1930）などが締結されるにとどまりました。第二次世界大戦後に作られた国際連合憲章では、違法な武力行使を行った国に対して、国連が制裁措置をとるとされたこともあり、軍縮に関する詳細な規定は置かれていません。

　しかし、国連憲章の枠外では、軍縮に関する交渉が積み重ねられており、冷戦下の 1960 年に採択された米国・英国・フランス・ソ連の共同声明に起源を持つジュネーヴ軍縮会議は、軍縮に関する多国間交渉の場としての役割を担っています。同会議で採択された生物毒素兵器禁止条約（1972 年署名、1975 年発効）は、締約国に対して、窒息性ガスや毒性ガス、細菌兵器の使用だけでなく、開発・製造・貯蔵・取得・譲渡も禁止し、現に保有・管理する生物兵器・毒素兵器を廃棄または平和目的に転用することを義務付けまし

た。また、化学兵器禁止条約（1993年採択、1997年発効）は、生物毒素兵器禁止条約の考え方を化学兵器に応用して化学兵器の開発・製造・貯蔵・取得・譲渡等を禁止することに加えて、化学兵器禁止機関（OPCW）を設置して締約国の履行状況を検証する制度を設けた点も注目されます。

　対人地雷とクラスター弾（1つの爆弾の中に多数の子弾が集束されており、子弾が広範囲に散布される爆弾。短時間で広範囲を攻撃できるが、多数の不発弾を残す）の開発や製造・使用を禁止し、廃棄を義務付けた対人地雷禁止条約（オタワ条約、1997年採択、1999年発効）やクラスター弾禁止条約（オスロ条約、2008年採択、2010年発効）は、ジュネーヴ軍縮会議の枠外で、市民社会の訴えが、それに耳を傾けた政府を動かして定立された点が特徴的です。

　1991年、米国のベトナム戦争従軍者を中心とするNGOベトナム戦争従軍者財団とドイツの人権NGOメディコ・インターナショナルが、対人地雷の全面禁止に向けた運動を行うことで合意したのをきっかけとして、翌年に地雷禁止国際キャンペーン（ICBL）が発足しました。ICBLは、地雷の悲惨さに理解を示す政治家や市民団体への働きかけ、国際会議でのロビー活動を地道に続け、1995年にはベルギーが世界で初めて、対人地雷を全面的に禁止する国内法を成立させました。また、1996年にはカナダ政府の招きにより、対人地雷の禁止に賛同した国々がオタワに集まり会議が開かれました。約1年の交渉を経て、1997年12月3日に対人地雷禁止条約が成立しました。ICBLと当時のコーディネーターであったジョディ・ウィリアムズには、1997年にノーベル平和賞が贈られています。市民団体の発案に始まり、それに耳を傾けた政府を巻き込んで展開された対人地雷禁止条約の成立過程は、「オタワ・プロセス」と呼ばれ、後述するクラスター弾禁止条約や核兵器禁止条約の起草のモデルにもなっています。

　クラスター弾禁止条約も、世界各国の市民団体やその声に賛同した諸国によって成立した条約です。2003年、クラスター弾の全面禁止に賛同する団体の連合体として、クラスター兵器連合（CMC）が発足しました。クラスター弾の遺物である不発弾による被害の深刻性やそれを防ぐために、クラスター弾の製造・保有・使用・移転等を禁止する必要性を訴え、ノルウェー

をはじめ、バチカン市国やアイルランド等の諸国の賛同を得て、2007 年に46 カ国による「オスロ宣言」が採択されました。この宣言は、クラスター弾の使用・製造・保有および移動を禁止し、爆弾の廃棄や不発弾の除去等を定める条約の作成を掲げたものです。翌年 12 月に、クラスター弾禁止条約が採択されました。この条約の成立過程は「オスロ・プロセス」と呼ばれます。主導的役割を担ったクラスター兵器連合には、2009 年にアイルランドのティペラリー国際平和賞が贈られました。

(2) 取り残された課題としての核兵器と核兵器禁止条約

　現代の国際社会では前節までで触れた兵器のほか、焼夷兵器や自動触発型の水雷、失明をもたらすレーザー兵器、環境改変兵器等を規制する条約が、既に採択されています。現在、無人航空機やドローン、人工知能（AI）を兵器として使用することやサイバー攻撃を規制する必要性が議論されています。

　核兵器は、種々の兵器の中でも最も深刻かつ長期的な被害をもたらすものです。そのため、大気圏内、宇宙空間、及び水中における核実験を禁止する部分的核実験禁止条約（1963 年採択・発効）や地下を含む全ての核実験を禁止する包括的核実験禁止条約（1996 年採択、発効の見込みは立っていない）など、核兵器開発ための実験の禁止が試みられてきました。また、核兵器不拡散条約（NPT、1968 年採択、1970 年発効）は、非核保有国による核兵器の製造・取得を禁止するとともに、核保有国に対して、他国への核兵器の移譲を禁止し、核軍縮のために誠実な交渉を行う義務を課しています。地域レベルでは、非核地帯を設定する条約も締結されています。例えば、ラテンアメリカ及びカリブ地域の非核化するトラテロルコ条約（1967）、南太平洋の非核化に関するラロトンガ条約（1985）、東南アジアのバンコク条約（1995）、アフリカのペリンダバ条約（1996）、中央アジアのセメイ条約（2006）、海底非核化条約（1971、海岸線から 12 カイリ以遠の海底における大量破壊兵器の貯蔵・使用・実験を禁止する）があります。また、南極条約（1959、南緯 60 度以南のあらゆる軍事利用を禁止する）や宇宙条約（1967、宇宙空間への大量破壊兵器の配備と地球以外の天体のあらゆる軍事

利用を禁止する）のように、いずれの国の領域にも属さない地域の非核化に関する規定を持つ条約もあります。2021年現在、モンゴルが一国非核の地位を宣言しているものの、日本が位置する東アジアのほか北米、西アジアには、非核地帯は設定されていません。

　これに対して、核兵器の使用を直接禁止する条約規範は、長年にわたって存在せず、いわば「取り残された分野」になっていました。このことの問題性を認識した国際反核法律家協会（IALANA）や核戦争防止国際医師会議（IPPNW）等の働きかけによって、1993年に世界保健機関（WHO）が、1994年に国連総会が、それぞれ国際司法裁判所（ICJ）に対して、核兵器の使用が国際法上許されるかどうかについて、勧告的意見を出すよう諮問しました。ICJは、WHOの諮問については、WHOの活動範囲外の問題であるとして却下しましたが、国連総会の要請に対しては、1996年に次のような勧告的意見を出しました。それによると、「核兵器の使用や核兵器による威嚇は、武力紛争法・国際人道法上の原則や規則と両立しなければならず、それに反する戦闘の手段や方法は禁止され」、核兵器の使用やそれによる威嚇は、「国際人道法の原則・規則に一般的に違反」します。ただし、「国家の存在そのものが危機に瀕する自衛の極限状態における核兵器の使用や核兵器による威嚇が合法か違法かは、確定的に結論を出すことができ」ません（ICJ、核兵器使用の合法性に関する勧告的意見、1996年7月8日）。この部分は、ICJが判断不能を宣言した稀な例としても注目されますが、強い批判も向けられています。

　同じ時期、核不拡散条約（NPT）で義務付けられた核保有国間の軍縮交渉が進まないことへの危機感を共有した市民団体は、オタワ・プロセスの成功に着目し、2006年のIPPNWの世界大会で核兵器禁止の条約を作ることを提案しました。これに賛同する団体の連合体として核兵器廃絶国際キャンペーン（ICAN）が2007年に発足しました。同年には、コスタリカとマレーシアにより、核兵器の使用の禁止を含む共同提案がNPT運用検討会議の準備委員会に提出されています。ICANは核兵器の非人道性を世界各地で訴えながら、その声に賛同する政府の数を着実に増やし、2017年7月7日、賛成122票、反対1票、棄権1票という圧倒的多数の賛成によっ

て（ただし、米国・英国・フランス・ロシア・中国・カナダ・ドイツ・インド・パキスタン・日本・オーストラリア・韓国・北朝鮮などが不参加）、核兵器禁止条約が採択され、10月24日に条約発効に必要な50カ国が批准し、2021年1月22日発効しました。核兵器禁止条約は、対人地雷禁止条約やクラスター弾禁止条約に続いて、市民社会の運動が諸国を動かし、条約の採択を実現した例と言えます。ICANの「核兵器の使用による、人類への壊滅的な結果に注目を集めさせ、その廃絶のための条約締結を達成した画期的な努力」に対して、2017年にノーベル平和賞が授与されています（藤田久一『核に立ち向かう国際法：原点からの検証』法律文化社、2011年／阿部達也「核兵器禁止条約」、国際法学会エキスパートコメント No.2017-1、https://jsil.jp/archives/expert/2017-1、2021年3月15日アクセス）。

3　誰が国際法を作り、発展させるのか

⑴ 国際法の形成・発展における市民社会の役割

　国際法とは、最も簡単な表現をすれば、「国家同士の約束」のことで、国家間で合意した内容を文書の形式にした条約、諸国家の長年にわたる慣行とそれが法的義務であるという認識（法的確信）が積み重なって成立する慣習国際法とに分類されます。国際法の最も根本的な原則に、「合意は拘束する（Pacta sunt servanda）」というものがあります。「自ら合意したことは守らなければならない」という考え方の上に、国際法は機能しているのです。他国の領域内で武力行使をして市民を殺傷したり、他国の領海で資源調査を繰り返したり、核兵器の保有を続けようとしたりする国でさえも、何とか、自ら行動が国際法と両立するかのような説明を試みます。それは、しばしば条約規定の抜け穴を探し、論理的に無理のある解釈を含むものですが、客観的には無謀な行動をとる国でさえも、国際法に基づいた自己正当化（合法であるかのように装うこと）をしなければならない点は、この世界で国際法が機能していることの証左だともいえます。大切なことは、国際法の意義と限界をよく理解し、論理的に無理のある解釈を許さないように国家の行動を注視し、国際法を精緻化していくことです（松井芳郎「誰がどのように国際法

を創るのか？」『世界法年報』39 号、1-33、2020 年）。

　国際法の形成と発展には、国家のみが関わっているわけではありません。既に述べた通り、市民社会の運動が国家や国際機構を動かし、国際規範の形成・発展に結び付いた例は多数あります。条約（特に多数国間条約）は、ある日突如として採択可能なものではなく、それに先行して、法的拘束力を持たない宣言があり、さらにその前には、自由や平等を求める市民社会の運動やその指導原理となった思想がある場合がほとんどです。例えば、主要人権条約の一つである人種差別撤廃条約（1969 年署名、1969 年発効）の前には、植民地独立付与宣言（1960 年国連総会決議 1514（XV））や人種差別撤廃宣言（1963 年国連総会決議 1904（XVIII））、女性差別撤廃条約（1979 年署名、1981 年発効）の前には女性差別撤廃宣言（1967 年国連総会決議 2263（XXII））など、醸成しつつある国際社会の総意を示す非拘束的文書がありました。そのさらに前には、1919 年のパリ講和会議における日本の人種差別撤廃提案と第二次世界大戦中のホロコーストの衝撃、反ユダヤ主義やアパルトヘイトへの抵抗運動、公民権運動や女性解放運動の隆盛がありました。

　21 世紀の現在、これらの運動は、改めて人種差別の深刻さを訴えた Black Lives Matter 運動や性的搾取・虐待に苦しむ女性が声を上げた #Me too 運動、男性に対置される女性への差別の撤廃という見方を越えて、女・男の二分論や身体的性と性的アイデンティティの一致、異性愛を「普通」とみなすジェンダー観の超克を目指す視点を含み、LGBTQ を包摂したジェンダー平等を求めるレインボー・フラッグ運動にもつながっています。子どもの最善の利益の考慮を求める児童の権利に関する条約（子どもの権利条約、1989 年署名、1990 年発効）の前には、子どもの権利宣言（1959 年国連総会決議 1386（XIV））や国際連盟で採択された子どもの権利に関するジュネーヴ宣言（1924 年）、フランスの J.J. ルソーや V. ユゴー、ナチス支配下ポーランドの医師・教育者 J. コルチャックの子どもの権利の思想などがあります。拷問等禁止条約（1984 年署名、1987 年発効）の前には、拷問等禁止宣言（1975 年国連総会決議 3452（XXX））や拷問を禁止する諸国の国内憲法、いかなる場合にも人間の尊厳が守られなければならないという国

際社会の共通認識がありました。強制失踪防止条約（2006年署名、2010年発効）の前には、1980年に国連経済社会理事会人権委員会（現：人権理事会）に設置された強制失踪作業部会の活動と、アルゼンチンのNGO「五月広場の母たち」など、軍事独裁政権下のラテンアメリカで行方不明になった犠牲者家族や拉致被害者の帰国を望む日本や韓国の家族の運動があります。障害者の権利条約（2007年署名、2008年発効）も、障害者の権利宣言（1975年国連総会決議3447（XXX））や障害者の機会均等化に関する基準規則（1994年国連総会決議48/96）、障害者を含めた全ての人の尊厳ある生を求める運動の賜物です。

　2016年には、国連総会で「平和への権利に関する宣言」が採択されました（決議71/189）。これは、イラク戦争に抗議したスペインのNGOが、平和を享受することを個人の人権として、国際的に承認させることを目指して国際キャンペーンを立ち上げ、世界の1,000以上の市民団体がそれに賛同して政府にも呼びかけ、国際機関を動かしたことの成果でした。平和への権利に関する宣言は、国連総会決議の形式をとるため、法的拘束力はありませんが、この権利の実質化を求める運動を続けることによって、将来的には条約の採択にも結び付くかもしれません（西谷真規子、山田高敬『新時代のグローバル・ガバナンス論：制度・過程・行為主体』ミネルヴァ書房、2021年、「NGO・社会運動：『下から』のグローバル・ガバナンスを目指して」（上村雅彦執筆））。

⑵ 国際法の形成・発展における地球平和憲章の意義

　「地球平和憲章」を貫く4つの原則——非戦・非武装・非核・非暴力を基礎とする世界を実現するためには、そのための国際環境をつくっていくことが必要です。そのためには、地球平和憲章の理念に賛同する国内外の市民団体と協働しながら、それを世界的に広げ、各国の政府や国際機関に働きかけ、国内にも還元することが必要です。構成主義（コンストラクティヴィズム）の政治学者M.フィネモアとK.シキンクが1998年に提唱した「国際規範のライフサイクル論」によると、1）NGO等の提案者（彼らの言葉では規範起業家 norm entrepreneurs）が、国家や国際機構等の国際社会の他

の行為主体に働きかける生成（emergence）の段階、2）その規範が決定的多数の国家によって承認される「臨界点」を経て、広範囲に急速に広がっていく伝播（cascade）の段階、3）国際社会に広まった規範の存在が当然とされるほど各国で受け入れられる内面化（internalisation）の段階を経て、国際規範は作られ、広まり、国際社会に定着して国家を拘束するようになっていきます（ここは、本書共著者である笹本潤の着想による）。

　国際法の原則の一つに、各国家が互いの国内事情に介入しないという不干渉義務があります。約1世紀前まで、国家主権が絶対視され、たとえ独裁政権による抑圧や人権侵害があっても、その影響が他国に及ばない限りは、介入すべきではないという考え方が通説でした。現在では、最低限の人権保障や法の支配、民主的な統治制度などは、全ての国家が尊重すべき「国際公共価値」とされています。また、国家の権力は主権者である国民から信託されたものであり、主権国家には、そこに生きる人々の生存と福祉を確保する責任が伴うと考えられ、市民を抑圧するような政府は、国際社会の鋭い非難を受けることになります（ドイツ出身で、ナチスの迫害を逃れて米国に亡命した国際法学者ヴォルフガング・フリードマンは、これを「共存の国際法」から「協力の国際法」への発展として説明しています）。平和のうちに生きる権利も、国際公共価値になりつつあると言って良いでしょう。

　フィネモアとシキンクが提唱した「規範のスパイラルモデル」によると、一国の市民団体も、国境を越えて他国の団体を巻き込んだネットワークを形成し、他国政府や国際機構に働きかけながら、問題を国際的関心事にすることによって、自国の政府に当該規範を受容させることが可能です。現代の情報通信技術の発達は、地球の裏側にある相手とも、互いの顔を見ながらリアルタイムで対話することを可能にし、政府でさえも完全な管理を及ぼすことが困難なサイバー空間を生み出し、各国の市民が国境を越えてつながり、意見を出し合い、連帯することを可能にしました。市民社会が国境を越えて問題意識を共有し、物理的な力（暴力）ではなく、論理と理性の力によって社会秩序を維持し、全ての個人が、持続可能な地球環境の下で、平和に生きる権利を享受できるよう、国家や国際機関への働きかけのために協力できるかが、改めて問われています。

本章で取り上げた条約の多くも、それが作られる出発点には、「規範のライフサイクル論」で言う生成の段階があり、人間としての尊厳や平和を求める思想や市民社会の運動がありました。平和への権利に関する宣言のように、いまだ法的拘束力ある条約には至らないものも、国際規範として生成途上にあるといえます。地球平和憲章を広めて、各国の政府に対して、平和に生きることを望む市民の声に耳を傾け、民主的過程を通してその実現を求める活動も、非戦・非武装・非核・非暴力の新しい国際秩序の形成を目指す国際市民運動です。

（佐々木 亮）

資　料

① 9条地球憲章の会　趣意書

九条の理念で地球憲章を！
非戦・非武装の世界を実現するために
（2017.3.15）

　この写真（本書17ページ参照）をご覧ください。これは月の地平に沈む地球です。日本の月探査機『かぐや』が月の両極を回りながら写したものです。宇宙の星くずのような存在でしかない地球、太陽系の一つの惑星。しかしなんと美しいのでしょう。そのうえに生存している人間と動物たち。想いは宇宙の際に拡がり、生命の起源から人類の未来に及びます。

　それにしても、この地球上の人間どもの争いは、いつまで続くものなのか。カントの永久平和論を想い、憲法9条を地球時代、宇宙時代にふさわしいものとして地球憲章、世界憲章にまで高める運動が求められているのだと、この写真を前にして思わざるを得ません。

　70年前、日本は敗戦の廃墟の中から、戦争への反省と平和への願いを込めて戦争放棄を規定する9条をもつ憲法を制定しました。

　その前文には「日本国民は…政府の行為によつて再び戦争の惨禍が起こることのないやうにすることを決意し、ここに主権が国民に存することを宣言し、この憲法を確定する。

　…われらは、平和を維持し、専制と隷従、圧迫と偏狭を地上から永遠に除去しようと努めてゐる国際社会において、名誉ある地位を占めたいと思ふ。われらは、全世界の国民が、ひとしく恐怖と欠乏から免かれ、平和のうちに生存する権利を有することを確認する。…

　日本国民は、国家の名誉にかけ、全力をあげてこの崇高な理想と目的を達成することを誓ふ。」

　その第9条には「日本国民は、正義と秩序を基調とする国際平和を誠実に希求し、国権の発動たる戦争と、武力による威嚇又は武力の行使は、国際紛争を解決する手段としては、永久にこれを放棄する。

　前項の目的を達するため、陸海空軍その他の戦力は、これを保持しない。国の交戦権は、これを認めない。」とあります。

　1946年、憲法改正の政府案（3月6日）が発表された後、制定に関わった2人の要人の演説が思い出されます。

　一つは当時の首相、幣原喜重郎の戦争調査会（3月27日）での冒頭演説「かくのごとき憲法の規定は現在世界各国いずれの憲法にもその例を見ないのでありまして…戦争を放棄すると言うようなことは夢の理想だと考えるかもしれません。しかし原爆より更に強力な破壊的兵器も

出現するであろうとき、軍隊をもつことは無駄なことなのです。」「今日我々は戦争放棄の宣言を掲げ、国際政治の荒漠たる原野を単独に進み行くのでありますけれども、世界は早晩、戦争の惨禍に目を覚まし、結局私どもと同じ旗をかざして、遥か後方に付いてくる時代が現れるでありましょう。」

もう一つはそれから数日後、GHQ 総司令官マッカーサーの対日理事会での開会演説（４月５日）「国策の手段としての戦争が完全に間違いであったことを身にしみて知った国民の上に立つ日本政府の戦争放棄の提案」は「戦争を相互に防止するには各国が国際的な社会、政治道徳の更なる高次の法を発展させることによって人類をさらに一歩前進させる新たな段階にあることの認識を示すものです。」「従って私は戦争放棄に対する日本の提案を、全世界の人々が深く考慮することを提唱したい。道はこれしかない。国連の目標は賞賛すべきものだが、その目標も、日本がこの憲法によって宣言した戦争する権利の放棄を、まさにすべての国が行ったときに始めて実現されるのです。戦争放棄は全ての国が同時になされねばならないのです。」

後年、マッカーサーは憲法調査会会長高柳賢三の質問に書簡で答えて、「あれ（九条）は幣原首相の先見の明とステイツマンシップと英知の記念塔として朽ちることはない」（1958.12.5）と述べています。

その憲法前文は「日本国民は、国家の名誉にかけ、全力をあげてこの崇高な理想と目的を達成することを誓ふ。」と結ばれています。

それから 70 年が経ちました。

この間日本は平和憲法のもとに平和産業を中心に経済復興を遂げ、憲法の精神にのっとった平和教育を進めてきました。しかし他方、憲法は占領軍によって押し付けられたものとして改憲論が繰り返され、民主主義の行き過ぎ是正が言われ、日米安保条約のもと、米軍基地とりわけ沖縄への基地の集中を許し、米国の核の傘のもとで、９条の枠内で専守防衛にあたるものとして自衛隊が拡大されてきました。武器の生産と輸出にも触手を伸ばしてきました。

2015 年の安保法制の成立は、従来の政府見解をも変えて集団的自衛権を容認し、海外派兵を可能とするものであり、それを違憲とする訴訟も堤起されています。従来の解釈改憲での現状追認が無理だとなれば、条文改正「改憲」への動きも強まるでしょう。９条をめぐる憲法状況はきわめて危険なものとなっています。

1945 年第二次世界大戦の終結前後、反戦・平和のうねりのなかで国連憲章がつくられ、世界人権宣言が出され、UNESCO が活動を開始。国際理解と平和へ向けて大きく動き出すかに見えました。しかし国際政治の現実は、米ソ対立を軸に二つの世界の緊張が長く続いています。ベルリンの壁に続くソビエト体制の崩壊後は USA を中心とするグローバリゼーションが進みますが、9.11、アフガニスタン侵攻、イラク戦争、中東不

安とパックス・アメリカーナの矛盾があらわになり、東アジアでも米中の勢力争いと北朝鮮の冒険主義もあり、日本でのナショナリズムの膨張もあって、緊張が高まっています。

しかし、この間、大戦後の世界平和の理念の実現を求めてアジア・アフリカ・ラテンアメリカでの非同盟・中立の運動があり（例：バンドン会議）、科学者たちのパグウォッシュ会議が重ねられ、国連でも軍縮会議がもたれ、UNESCO も軍縮教育会議、国際平和年そして国際平和文化年をもち、セビリア宣言（非暴力）をはじめ文化の多様性宣言を重ねてきました。学習権宣言や子どもの権利条約、そして未来世代への責任宣言、さらに環境破壊に抗して持続的社会を求める国際的運動も、平和を環境問題と結び、未来世代の権利の視点と結んで豊かに捉え直す視点を提示してきたと言えます。いわゆる第３世界における地域的非軍事同盟と連帯の動きも活発です。非核のための国際会議も長い歴史を刻んできました。

これらの動きのなかで求められてきた新しい秩序理念を「平和と共生」（あるいは平和・人権・環境・共生）と表現することが出来るのではないでしょうか。そしてそれらを貫くものは「戦争はご免だ！」という感情であり、「戦争は悪だ」とする認識です。戦争は貧困・抑圧・暴力・自然破壊の集約的表現です。

振り返ってわが国の歴史を見れば侵略戦争と敗戦、そして前文と９条を持つ日本国憲法のもとで、この 70 年、外国の軍隊と殺し殺されることのない希有の歴史を綴ってきました。

改憲と再軍備を求める動きに抗して、憲法を護り根付かせる運動もくり返され、原水爆禁止、日米安保反対、ベトナム戦争反対、イラク派兵反対そして「九条の会」の全国的広がりは、改憲そのものの提起を断念させ、解釈改憲の道を余儀なくさせてきました。

国際的にも、ハーグ世界平和市民会議（1999）や、世界社会フォーラム（2001）に参加、東京、大阪で９条世界会議を開催（2008）して、９条の重要性を訴えてきました。「九条の会」がノーベル平和賞候補にノミネートされた（2015、16）ことや国連での「平和への権利宣言」の動き（2016）も、９条を護る運動を励ましてくれています。

この間９条は平和をもとめる心ある外国人からも認められ評価されてきたのです。その方々の中には歴史家のトインビーやシカゴ大学の元総長ハッチンズ、生化学者でノーベル賞のセント・ジェルジュ、ノーベル平和賞のアリアス元コスタリカ大統領などがいます。アメリカに「九条を広める会」をつくったチャールズ・オーバービー氏や、思想家のノーム・チョムスキー、映画「日本国憲法」を作ったジャン・ユンカーマン監督もいます。ハーグ世界平和市民会議では世界の「各国議会は、日本国憲法９条のような、政府が戦争をすることを禁止する決議を採択すべきである」という項目がアジェンダの第一に掲げられました。中東

で働いた経験をもつ商社マンはアラブ圏の人々に親日感情があるのは戦争をしない日本だからだと言ってくれるといいます。そのことはパキスタンそしてアフガニスタンで活動している中村哲さんの国会での実感をとおしての証言でもありました。

9条は「アジア2千万の犠牲者にたいする国際公約だ、軽々に変えてはならない」というアジアの人々の声も忘れてはなりません。東アジアの緊張緩和のためには、抑止力に頼るのではなく、9条を軸とする平和外交こそが求められているのです。

わたしたちはさらに、9条は環境・共生の思想とも親和的であることも含めて平和の思想を豊かにしていきたいと思います。9条は一国の平和だけではなく世界の平和を求めるものであり、それなくして、一国の平和も保てないことについても自覚的なのであり、まさしく積極的平和主義なのです。9条の精神を世界に拡げなければ、その平和主義は完結しないのです。

そして、いま、その9条が危機にあることを、わたしたちは広く訴えねばなりません。日本を救うために。そしてそれは世界を救う道なのではないでしょうか。

この間、ハバーマスとデリダが平和について共同声明をだし、カントの永久平和論に帰れと述べましたが、日本国憲法はこの理念を憲法原則として発展させたものです。

「永久平和は空疎な理想ではなく、われわれに課せられた使命である」（カント）。そのカントの思想を憲法にまで高めたものこそが日本国憲法の前文および9条ではないでしょうか。9条には世界政治を変える力が秘められています。前文の結語の通り、9条をもつ地球憲章は夢ではなく、それを実現することは、わたしたちの使命です。

そのために1）まずは日本で、9条を守り根付かせる運動を強めたい。2）それを支援してくださる国内外の人々の署名やメッセージをいただきたい。3）さらにその思いを地球時代にふさわしい「9条の精神をもつ地球憲章（世界憲章）」を創り上げる世界の協同作業の始まりとしたい。4）その成果を国連での活動や決議に活かしたい。5）構想さるべき地球憲章は世界各国の国民と政府が、国政と外交の原則に日本国憲法の非戦・非武装の精神をとりいれて人類と地球を守る施策を求めるものです。

以上のアピールは平和のための地球憲章が必要だと考える各国の個人と団体に共有され、そのための活動に利用される為のものです。各国で独自のアピールづくりへの取り組みにも参照されることを期待しています。

②9条地球憲章の会呼びかけ人名簿（★世話人）

（2017年12月現在）

青井未帆、青木英二、青山友子、浅井春夫、★阿部信行、★荒井 潤、有原誠治、

安斎育郎、★池上東湖、池辺晋一郎、石川晃弘、石川智士、★石川康子、石田 雄、市村由紀子、伊藤 真、岩佐 茂、植野妙実子、牛久保秀樹、内田 功、梅原利夫、浦田賢治、江原郊子、大浦暁生、大久保賢一、太田 明、（大田 堯）、大田政男、★大田美和、大竹 智、大熊政一、大西 広、大屋寿郎、岡田光好、尾関周二、尾山 広、加藤文也、蟹澤昭三、兼子 仁、上條貞夫、神山正弘、唐橋 文、河上暁弘、川上詩朗、★川村 肇、神戸秀彦、木村光伸、草場裕之、工藤美和子、久冨善之、窪島誠一郎、久保田和志、★黒岩哲彦、黒田兼一、小嶋昌夫、児玉勇二、★児玉洋介、小中陽太郎、（小林直樹）、小原隆治、小松長生、斉藤利彦、早乙女勝元、五月女光弘、★佐々木 亮、★笹本 潤、佐藤一子、佐藤 学、佐貫 浩、澤藤統一郎、島薗 進、下村由一、新船海三郎、杉浦ひとみ、杉原泰雄、鈴木慎一、★須藤敏昭、高原伸夫、★高部優子、武井由起子、田島伸二、田中 哲、田中孝彦、★田中祐児、谷口捷生、俵 義文、（津田玄児）、（津田櫓冬）、（土屋基規）、常岡靖夫、坪井節子、豊田佳二、永井憲一、中川 明、永田浩三、中野晃一、中野昌宏、中溝ゆき、中村雅子、中森孜郎、成嶋 隆、新倉 修、西紘 洋、★野口 薫、野村武司、箱崎作次、橋口秀樹、橋本左内、橋本佳子、長谷場 健、服部英二、★塙 清子、★浜地道雄、馬場雅史、早野 透、★濱田光一、原貞二郎、樋口陽一、廣渡清吾、藤江昌嗣、藤岡貞彦、★堀尾輝久、★松井ケティ、（松村忠臣）、★丸山重威、三浦永光、三浦信孝、三上昭彦、三宅征子、宮坂琇子、宮地正人、宮本憲

一、★宮盛邦友、★目良誠二郎、八木 絹、柳沢 遊、山秋 真、山内敏弘、★山田 功、山室信一、★横湯園子、吉田喜一、吉峰康博、世取山洋介、渡辺 治　（　）は故人
【代表：堀尾輝久、事務局：児玉洋介、佐々木美鈴、佐々木亮、高部優子、田中祐児、塙 清子、宮盛邦友、目良誠二郎】

③９条地球憲章の会　活動年表

【2017年】

3月15日　９条地球憲章の会発足記者会見（東京弁護士会館）「非戦・非核・非武装の世界を実現するために」**堀尾輝久・山内敏弘・浦田賢治・笹本潤・黒岩哲彦・横湯園子**ほか（約30名参加）

5月13日　発足記念シンポジウム（明治大学リバティタワー）「憲法９条の理念で地球憲章を～今こそ非戦・非武装・非核の世界をめざして」（パネリスト：**堀尾輝久、浦田賢治、佐々木亮、笹本潤、高部優子、クロード・レビ・アルバレス**）（約100名参加）

7月29日　第1回公開研究会（全国教育文化会館）**笹本 潤**さん講演「『平和への権利』と憲法９条～『平和の権利』の国際キャンペーンから～」（35名参加）

9月4日　第2回公開研究会（全国教育文化会館）**河上暁弘**さん（憲法学）講演「米国1920年代の戦争違法化（outlawry of war）の思想と運動に学ぶ」（14名参加）

10月3日　第3回公開研究会（全国教育文化会館）**目良誠二郎**さん、**武井由起子**

さん、**井筒隆雄**さん「シカゴでの VFP 年次総会に参加して、出会い、学んだこと」（10 名参加）

11 月 22 日　第 4 回公開研究会（全国教育文化会館）**山田寿則**さん（国際法学）講演「人道的アプローチに基づく核兵器禁止条約（TPNW）の特徴と課題」（10 名参加）

【2018 年】

1 月 30 日　第 5 回公開研究会（全国教育文化会館）**佐々木亮**さん（国際人権法）講演「9 条地球憲章の国際法上の意義付け—市民運動から国際立法まで—」（13 名参加）

3 月 24 日　発足 1 周年記念の集い（専修大学、コスタリカに学ぶ会と共催）映画『コスタリカの奇蹟』上映。**コスタリカ大使**の講演「非武装国家コスタリカの経験から 9 条を考える」（147 名参加）

5 月 27 日　憲法講演会（専修大学）「武力で平和はつくれない——9 条は日本と世界の宝」（司会：**石川康子**）**堀尾輝久**さん（本会代表）「地球時代と憲法 9 条」「地球平和憲章（案）非戦・非武装・非核・非暴力の世界を目指して」、**目良誠二郎**さん（本会事務局長）「非暴力の思想と憲法 9 条」（78 名参加）

7 月 25 日　第 6 回公開研究会（全国教育文化会館）「長い海外での外交・商社体験から見た憲法 9 条のグローバルな意義」**早乙女光弘**さん（本会呼びかけ人）「外交官としての経験から」、**浜地道雄**さん（本会世話人）「商社マンの経験から」（約 20 名参加）

9 月 26 日　第 7 回公開研究会（全国教育文化会館）**山内敏弘**さん（本会呼びかけ人、一橋大学名誉教授）「東北アジアの平和構想をめぐって」、コメンテーター：**笹本潤**(本会世話人)（約 20 名参加）

10 月 24 日　映画『不思議な国の憲法』を観て語り合う（学習院大学）**松井久子**監督と**堀尾輝久**本会代表、学習院大学学生によるトーク、**宮盛邦友**さん（本会呼びかけ人）・**上岡伸雄**さん（約 70 名参加、学生除く）

11 月 14 日　第 8 回公開研究会（全国教育文化会館）**浦田賢治**さん講演（本会呼びかけ人、早稲田大学名誉教授／国際反核法律家協会副会長）「核兵器と憲法・再論：『原子爆弾と憲法』から『朝鮮半島の非核化』まで」（約 20 名参加）

12 月 19 日　第 9 回公開研究会（全国教育文化会館）「朝鮮半島の平和実現への模索と日本の関わり〜今こそ韓国の平和運動から学ぼう、日本の憲法 9 条加憲論の危険と朝鮮半島の平和プロセス」報告：韓国ツアーに参加して。**堀尾輝久・笹本潤・阿部信行**（約 30 名参加）

【2019 年】

2 月 18 日　第 10 回公開研究会（全国教育文化会館）**和田春樹**さん（歴史学、東京大学名誉教授）講演「はじまった東北アジアの平和プロセスと日本——米朝首脳会談をめぐって考える」「東アジア非核化構」（28 名参加）

3 月 22 日　第 11 回公開研究会（全国教育文化会館）**水島朝穂**さん（早稲田大学法学部学術院教授）講演「憲法 9 条と

自衛隊問題〜新たな国防軍への道に対する Alternative オルタナティブを考える〜」（33 名参加）

5月19日　9条地球憲章の会設立2周年総会（明治大学リバティ・タワー）「9条は日本とアジア、世界の宝」伊藤千尋さん講演「コスタリカおよび中南米から見た『9条を持つ』日本」、堀尾輝久さん「『地球平和憲章』日本発モデル案発表」、パネルディスカッション：堀尾輝久・山内敏弘・伊藤千尋・河上暁弘（司会：田中祐児）（75 名参加）

7月18日　第12回公開研究会（全国教育文化会館）川崎哲さん（ICAN 国際運営委員・PEACE BOAT 共同代表）講演「核兵器禁止条約と憲法9条〜グローバル市民平和運動の視点から」（62 名参加）

8月22日　第13回公開研究会（全国教育文化会館）箱崎作治さん講演「インドと日本をつなぐ憲法9条と歌」（32 名参加）

9月5日　第14回公開研究会（全国教育文化会館）尾関周二さん（環境哲学、総合人間学会会長）講演「環境と平和未来社会を構想しつつ」（24 名参加）

10月29日　第15回公開研究会（全国教育文化会館）浜地道雄さん（本会世話人）講演「国連の軍縮関係者を訪問して〜国連で『9条をふまえた核兵器廃絶の問題提起』を要請される〜」（15 名参加）

11月14日　第16回公開研究会（全国教育文化会館）横湯園子さん（本会世話人）講演「あらためて　戦争神経症について考える」（39 名参加）

【2020 年】

1月21日　第17回公開研究会（全国教育文化会館）塩尻和子さん講演「イスラーム　平和のためにできることは何か」（43 名参加）

2月20日　第18回公開研究会（全国教育文化会館）堀尾輝久さん（本会代表）講演「丸山眞男の平和思想　どう引き継ぐか〜地球平和憲章の理念を深め、運動を拡げる視点から〜」（46 名参加）

10月14日　第19回公開研究会（全国教育文化会館・オンライン）大久保賢一さん（弁護士、日本反核法律家協会事務局長）講演「核兵器禁止条約の発効から、9条の「地球平和憲章」への展望」

11月16日　第20回公開研究会（全国教育文化会館・オンライン）花岡しげるさん講演「自衛隊も米軍も、日本にはいらない〜自衛隊・米軍の存在を容認する護憲運動では改憲勢力に勝てない〜」

【2021 年】

1月11日　第21回公開研究会（全国教育文化会館・オンライン）中野昌宏さん（本会呼びかけ人、青山学院大学教授）講演「カナダで考えた憲法と9条 H. ノーマン研究と在住邦人との交流から」

「過去のイベント研究会」について詳細はこちら
→ https://www.9peacecharter.org/route

核兵器禁止条約の発効は
人類史の新たな一ページです

2021.1.22　9条地球憲章の会
代表 堀尾輝久　事務局長 目良誠二郎

　2021年1月22日、核兵器禁止条約が発効し、人類史に新たな一ページが開かれたことを心から喜びます。

　広島・長崎のヒバクシャが挙げた痛苦の声から始まり、ウラン採掘や核実験、原発事故などによって世界中で生まれたヒバクシャの声、そしてそれに共鳴、連帯する世界中の無数の市民の声が、ついにそれを実現したのです。

　人類の夢には、光速より速く飛ぶとか、タイム・ワープするとか、絶対に実現不可能な夢と、実現は困難でも不可能ではない夢との二つがあります。後者は世界中の無数の市民が、心の底から願い、連帯し、粘り強く創意をもって行動し続ければ、実現可能なのです。そのことを、2021年1月22日は改めて私たちに教えてくれました。

　核兵器を違法とするこの画期的な国際法の成立に苛立つ核保有国と、その「核抑止論」の神話にすがって「核の傘」から出ようとしない日本などの諸国政府に対して、世界中の市民とともに抗議し、条約への参加を強く求めましょう。

　とりわけ世界最初の戦争被爆国で9条を持つ日本は、核兵器のない世界の実現へ向けて先頭に立つことが、平和を求める世界の市民から求められてもいるのです。

　私たちは、今後さらに原発も含めた「核のない世界」、「核も戦争もない世界」という、人類の大きな夢の実現へと向かいましょう。

　将来世代も含めた人類すべての人びとが、「持続可能な地球環境の下で尊厳をもって平和に生きる」ことができるよう、改めて決意し、知恵と力を共に尽くしましょう。

URL　https://www.9peacecharter.org
Mail　9.globalpeace@gmail.com

編集後記

　今から4年前、9条地球憲章の会を立ちあげてから現在まで、会は5回の比較的大きなイベントと21回もの公開研究会を重ねてきました。実に多様な報告者の飛びっきりに深い知見に接することができ、それらを栄養に私たちは「地球平和憲章」案を書いては書き換え、構成し直し、無数の修正を重ねてきたのです。2020年5月には、「NPT再検討会議」のサイドイベントとして計画されていたNGO「ニューヨーク世界大会」の分科会の一つを日本反核法律家協会と共催することになり、それに向けて「地球平和憲章」（日本発モデル案）とその英訳版の完成を急ぎ、国際的なデビューを目前に控えていました。しかし、思いがけなく年明けから新型コロナウイルスのパンデミックが地球上を襲い、すべての予定は凍結され、完成した「地球平和憲章」（案）はホームページでの公表にとどまっていました。

　そこで、その解説なども含めたブックレットを出版して市民に広げ、運動の足場にしたいと花伝社の平田勝社長を訪ね、粗いプロットを示したところ、「それはうちで引き受けた」と即断していただいたのです。このブックレット作成を進める間に次々に起った、核兵器禁止条約の成立と発効、米国での深刻な黒人差別、暴力と分断をめぐる攻防、気候変動危機への世界中の若者たちの訴え、新型コロナのパンデミック等には、まるで本書の各章に合わせて世界が問題を次々と投げかけてくるような印象を受けたものでした。

　執筆に当たった5人のメンバーは、それぞれ専門分野とキャリアを異にしています。討議と検討を重ね、共通理解を深めつつも、最終的には個人の責任においての執筆ということで、解説にとどまらないかなり踏み込んだ記述もあり、読み応えがあるのではないかと思います。本書の編集の実務にあたったのは、本会事務局の田中祐児と塙清子です。その他さまざまな方々の援助を受けながら、本書はできあがりました。

　本書は、人類の真の平和をめざす「地球平和憲章」を地球市民の手で創りだそうという、日本の市民からの呼びかけです。特に、若い世代のみなさんの手に渡り、国内外の友人たちとも共通の話題に取り上げて、共感の輪を地球規模で拡げていただけることを願っています。　　　　　　（田中祐児）

執筆者（執筆分担）

堀尾輝久（ほりお・てるひさ）（第1章、第3章1）
1933年生まれ。東京大学法学部卒業。教育学で博士号。東京大学・中央大学教授。日本教育学会会長、日本教育法学会会長、総合人間学会会長、民主教育研究所代表、日本学術会議会員（日本平和学会理事）など歴任。東京大学名誉教授、トゥルーズⅡジャン・ジョレース大学名誉博士。子どもの権利条約市民・NGOの会代表。著書に『教育入門』『人権としての教育』『地球時代の教養と学力』『未来をつくる君たちへ"地球時代"をどう生きるか』『平和へのねがいと音楽の力』。トッド・パール『ピース・ブック』（絵本・訳）。映画『しではら』（DVD）監修・解説。9条地球憲章の会代表。

笹本 潤（ささもと・じゅん）（第2章）
1962年生まれ。東京大学卒業。弁護士。グローバル9条キャンペーンや9条世界会議、平和への権利日本実行委員会、国連軍撤去実行委員会など、世界的平和問題に取り組んできた。現在、アジア太平洋法律家連盟（COLAP）事務局長、国際民主法律家協会（IADL）執行委員など。東京大学大学院総合文化研究科後期博士課程に所属。著書に『世界の「平和憲法」新たな挑戦』など。9条地球憲章の会世話人。

目良誠二郎（めら・せいじろう）（第3章2、第4章）
1944年生まれ。東京大学教育学部卒業。私立海城中高等学校で40年間社会科教員を務める。海城学園教職員組合委員長、アジア文化会館留学生友の会代表、近現代史教育研究会世話人などを歴任。現在、ベテランズ・フォー・ピース・ジャパン（VFPジャパン）事務局員。著書に『非暴力で平和をもとめる人たち』（大月書店）、その他論文多数。9条地球憲章の会事務局長。

児玉洋介（こだま・ようすけ）（第5章）
1952年生まれ。横浜市立大学卒業。東京都の公立中学校教員を31年間。その間、中学校社会科教科書の執筆や教職員組合の教育研究活動などを経て、東京都教職員組合執行委員長を務める。現在は、東京総合教育センター所長、子どもの権利条約市民・NGOの会共同代表、東京都平和祈念館（仮称）建設を進める会代表世話人、法政大学講師など。9条地球憲章の会世話人。

佐々木亮（ささき・りょう）（第6章）
1986年生まれ。東京外国語大学ロシア・東欧課程卒業、英国ヨーク大学ロースクール国際人権法務修士（LL.M.）修了、中央大学大学院法学研究科博士後期課程修了、博士（法学）。島根大学特任講師等を経て、現在、聖心女子大学専任講師。日本国際法律家協会理事、認定NPO法人ヒューマンライツ・ナウ事務局次長。専門は、国際法・国際人権法。主要論文に、「ヨーロッパ人権条約における差別事由の階層化」北村泰三・西海真樹（編著）『文化多様性と国際法──人権と開発を視点として』（中央大学出版部、2017）など。9条地球憲章の会世話人。

9条地球憲章の会
2016年8月より世話人を中心に「趣意書」を作り、140名を超える呼びかけ人と20数名の外国人の賛同を得て、2017年3月に「9条地球憲章の会」を発足。呼びかけ人には法学者や教育関係者とともに、美術や音楽関係者、そして多くの市民も参加し、現在、国内の賛同者は1300名超、外国からの賛同者も80名を超える。代表:堀尾輝久、事務局長:目良誠二郎。

HP の URL https://www.9peacecharter.org/

地球平和憲章 日本発モデル案──地球時代の視点から9条理念の発展を

2021年5月25日　初版第1刷発行

編者─────9条地球憲章の会
発行者────平田　勝
発行─────花伝社
発売─────共栄書房
〒101-0065　東京都千代田区西神田2-5-11 出版輸送ビル2F
電話　　　　03-3263-3813
FAX　　　　03-3239-8272
E-mail　　　info@kadensha.net
URL　　　　http://www.kadensha.net
振替　　　　00140-6-59661
装幀─────佐々木正見
印刷・製本──中央精版印刷株式会社